Julian Stey

Mathematikunterricht mit DaZ-Schülern 8–10

Arbeitsblätter mit darauf abgestimmten Wortschatzkarten:
Sofort-Hilfe für Lehrer ohne DaZ-Kenntnisse

4. Auflage 2025

Autor*innen: Julian Stey
Covergestaltung: fotosatz griesheim GmbH
Coverillustration: Steffen Jähde
Illustrationen: Steffen Jähde
Satz: tebitron gmbh, Gerlingen
Druck und Bindung: Druckerei Joh. Walch GmbH & Co. KG, Augsburg
ISBN 978-3-403-**08208**-8

www.auer-verlag.de

Inhaltsverzeichnis

DaZ-Schüler, die nach dem Besuch der Vorbereitungsklasse auf die Regelklassen verteilt werden, sollen möglichst sofort in das Unterrichtsgeschehen mit einbezogen werden.

Sie sollen
- Freude am Zuhören und Mitsprechen sowie am Lesen und Schreiben in der Zweitsprache entwickeln,
- die deutsche Standardsprache immer besser verstehen können (zuerst nur Gesprochenes, dann auch Geschriebenes),
- sich zunehmend differenziert in deutscher Standardsprache verständigen bzw. sich am Unterricht beteiligen können: zuerst nur mündlich, dann auch schriftlich,
- unter Wahrung ihrer sprachlichen und kulturellen Identität in die neue Sprach- und Kulturgemeinschaft als aktives Mitglied hineinwachsen.

Die Kopiervorlagen in diesem Band richten sich an Schüler[1], deren **Muttersprache nicht Deutsch** ist. Sie zielen darauf ab, die Sprachkompetenz dieser Schüler zu erweitern und sie bestmöglich in ihrem mündlichen und schriftlichen Sprachgebrauch zu fördern. Damit wird gleichzeitig die Integration in der Lerngruppe erleichtert.

Die Schüler sollen inhaltlich klar umrissene **fachspezifische Themenfelder** aus den Kerncurricula erarbeiten. Die vorliegenden Materialien sind somit nicht nur für den DaZ-Unterricht, sondern primär für den **Fachunterricht** geeignet. Damit lernen die Schüler die fachlichen Inhalte und verbessern gleichzeitig ihre Deutschkenntnisse. Weiterhin müssen die Schüler nicht separate Inhalte lernen, sondern erschließen sich die gleichen Kompetenzen wie ihre deutschsprachigen Mitschüler. DaZ-Schüler werden also im Fachunterricht „mitgenommen" und eine Teilhabe am Unterricht wird ermöglicht, was wiederum zu ihrer Integration beiträgt.

Jedes Kapitel ist gleich aufgebaut: Es enthält eine Seite mit Wortschatzkarten, die das unbekannte Vokabular der Arbeitsblätter mittels Bildern und englischer Übersetzungen einführen, sowie zwei bis vier Arbeitsblätter in unterschiedlichen sprachlichen und inhaltlichen Differenzierungsstufen. Damit wird ermöglicht, dass die Schüler am gleichen Thema auf unterschiedlichem Sprachniveau arbeiten können.

Eine aufwendige didaktische Aufarbeitung des Unterrichtsstoffs entfällt hiermit. Die sich im Buch befindlichen Materialien können schnell, einfach und effizient von der Lehrkraft genutzt werden.

[1] Aufgrund der besseren Lesbarkeit ist mit Schüler auch immer Schülerin gemeint, ebenso verhält es sich bei Lehrer und Lehrerin etc.

Jedes Thema besteht aus zwei bis vier Arbeitsblättern. Diese wurden sowohl sprachlich als auch qualitativ und quantitativ differenziert konzipiert.

Das **einfachere Arbeitsblatt** ist vor allem für Schüler geeignet, die die deutsche Sprache noch in sehr geringem Maß bzw. gar nicht beherrschen. Das **anspruchsvollere Arbeitsblatt** ist für diejenigen gedacht, die schon etwas besser Deutsch können. Beide enthalten eindeutige Bilder, Begriffshilfen und leichte Sprache für ein barrierefreies Erschließen von Texten[1]. Die Sätze sind verhältnismäßig kurz, jede Aufgabenstellung enthält möglichst nur einen Inhalt, abstrakte Begriffe werden vermieden.

Um den Schülern das Erschließen der Inhalte und das Erledigen der Arbeitsaufträge zu erleichtern, werden zahlreiche Begriffe, die in den Arbeitsblättern verwendet werden, mithilfe von **Wortschatzkarten** erklärt. Auf diesen Karten befinden sich das deutsche Wort (Verb, Adjektiv bzw. Nomen), dessen englische Übersetzung und ein passendes Bild. Verben werden in der Regel im Infinitiv und im Imperativ dargestellt, bei Nomen werden Einzahl und Mehrzahl genannt.

Insgesamt werden drei verschiedene Wortschatzarten angeboten. Der **Schulwortschatz** enthält elementare Basiswörter, die benötigt werden, um sich im Umfeld Schule sprachlich zurechtzufinden. Des Weiteren gibt es den **Fachwortschatz**. Dort werden alle grundlegenden Wörter, die für das Fach relevant sind, entsprechend dem oben erwähnten Muster abgebildet. Dieser wird ergänzt durch den **Themenwortschatz**, der sich speziell auf das jeweilige Thema bezieht. Die Wortschatzkarten sollten ausgeschnitten und in Karteikästen gesammelt werden, sodass die Schüler die Wörter jederzeit wiederholen und nachschlagen können.

Werden in den Arbeitsblättern den Schülern unbekannte Wörter genannt, sind sie entsprechend gekennzeichnet und können mithilfe der Wortschatzkarten nachgeschlagen werden. Zur Unterscheidung der drei Wortschatzarten werden alle Wörter, die im Schulwortschatz nachzuschlagen sind, mit unterbrochener Unterstreichung markiert. Ist ein Wort durchgehend unterstrichen, so findet man es im Fachwortschatz oder im Themenwortschatz. Selbstverständlich werden die unbekannten Wörter auch in den Lösungen entsprechend ausgewiesen, sodass die Schüler auch an dieser Stelle die Möglichkeit erhalten, fachlichen Inhalt und sprachliche Kenntnisse zu vertiefen.

Auf den Wortschatzkarten sind alle Begriffe alphabetisch sortiert. Sind im Arbeitsblatt Verben durch Konjugation im Vergleich zum dazugehörigen Infinitiv sehr stark verändert (z. B. „miss“ und „messen“), wird in Klammern auf den Infinitiv verwiesen, um das Auffinden in den Wortschatzkarten zu erleichtern.

[1] In Anlehnung an die Europäischen Richtlinien für leichte Lesbarkeit

Das vorliegende Werk orientiert sich an den Lehrplänen und curricularen Vorgaben sowie an den gängigen Schulwerken. Es werden damit möglichst viele Inhalte des Mathematikunterrichts in den Jahrgangsstufen 8–10 abgedeckt. Es soll den Lehrern eine wertvolle Hilfe sein, Lernenden nicht deutscher Herkunft den Unterrichtsstoff der Lerngruppe zu vermitteln und gleichzeitig die sprachlichen Kompetenzen zu fördern.

Die Arbeitsblätter sowie die Wortschatzkarten sollen den Lehrern als Unterstützung dienen, Schüler, die Schwierigkeiten mit der deutschen Sprache haben, in den Mathematikunterricht einbinden zu können. Durch die Arbeit mit den unterschiedlichen Aufgabenformaten erlernen diese dabei einerseits die im Mathematikunterricht notwendigen Fachbegriffe, andererseits die erforderlichen Inhalte.

Für jedes Thema gibt es jeweils zwei differenzierte Arbeitsblätter, denen ein gemeinsamer Wortschatz zugrunde liegt. Die Arbeitsblätter sind in ihrer Schwierigkeit sowohl nach dem sprachlichen Niveau als auch hinsichtlich der kognitiven Aktivierung differenziert gestaltet. Somit kann die Mitwirkung der Schüler mit geringen Deutschkenntnissen im regulären Unterricht den individuellen Voraussetzungen und Bedürfnissen der Lernenden angepasst werden.

Dabei sollte nicht außer Acht gelassen werden, dass eine Sprache nur über ein verbales Vorbild erlernt werden kann. Es ist also unerlässlich, die Schüler direkt anzusprechen bzw. sie mit Schülern der Klasse gemeinsam arbeiten – und sprechen – zu lassen.

Es wurde Wert darauf gelegt, dass die Formate vielfach durch Icons erläutert werden und sich die Aufgabentypen wiederholen, um eine Wiedererkennung zu ermöglichen und selbstständiges Arbeiten zu erleichtern.
Häufig findet sich zu Beginn eines neuen Themas ein Informationstext, in dem auf einfachem Sprachniveau die wichtigsten Sachverhalte erläutert werden.

Bei der Erstellung der Arbeitsmaterialien wurden vor allem folgende Unterrichtsprinzipien zugrunde gelegt:

- **Prinzip der Differenzierung**
  Die Arbeitsblätter in zwei Niveaustufen sind unterschiedlich einsetzbar:
  - Als qualitative Differenzierung: Für leistungsschwächere Schüler ist Niveaustufe 1 gedacht, für leistungsstärkere Niveaustufe 2.
  - Als quantitative Differenzierung: Für leistungsschwächere Lernende kann der Umfang vieler Aufgaben ohne Weiteres reduziert werden, indem sie z. B. nur einen Teil eines Arbeitsblatts bearbeiten. Leistungsstärkere hingegen können zuerst das Aufgabenniveau 1 und später das Aufgabenniveau 2 bearbeiten. Dabei wird ein Teil der Aufgaben Wiederholung sein, um die erlernten Worte zu vertiefen und zu sichern, ein weiterer Teil ist Transferleistung, Verknüpfung oder weiterführende Arbeit.
- **Prinzip der Selbsttätigkeit/Aktivierung**
  Den Lernenden soll die Gelegenheit gegeben werden, einen Sachverhalt mithilfe ihrer individuellen Lern- und Handlungsmöglichkeiten zu bearbeiten, damit sie dabei ihre Selbstständigkeit und Selbstbestimmung entwickeln können. Für Lerner mit geringen Sprachkenntnissen ist hierbei aber eine ständige Begleitung durch die Lehrkraft und/oder Mitschüler notwendig (z. B. um die Aussprache zu üben oder um Farbgebungen zu erläutern).

- **Prinzip der Anschaulichkeit**
  Schon durch den Einsatz der Bilder wird der Zielgruppe der Inhalt verdeutlicht. Ich habe aber daneben vielfach Aufgaben gewählt, die den Lerninhalt über eine weitere Darstellungsebene veranschaulichen sollen, sodass dieser den Lernenden auch sinnlich erfassbar gemacht wird.

Methodisch habe ich mich ebenfalls an den in den Schulbüchern gängigen Aufgabenformaten orientiert. Wichtig bei der Methodenwahl war mir, dass die Schüler für sich selbst arbeiten und dass auch vielfach Verknüpfungen zur Klasse hergestellt werden können.

Die Lösungen zu den jeweiligen Arbeitsblättern sind sowohl als Hilfe für die Lehrkraft als auch zur Selbstkontrolle geeignet.

Ich wünsche Ihnen viel Erfolg und hoffe, Sie in Ihrer Arbeit mit den Schülern, die über geringe Deutschkenntnisse verfügen, unterstützen zu können.

Julian Stey

Schulwortschatz

Schulwortschatz		
ankreuzen kreuze an! *to tick*		das Ankreuzen – *ticking*

Schulwortschatz		
anmalen male an! *to colour*		das Anmalen – *colouring*

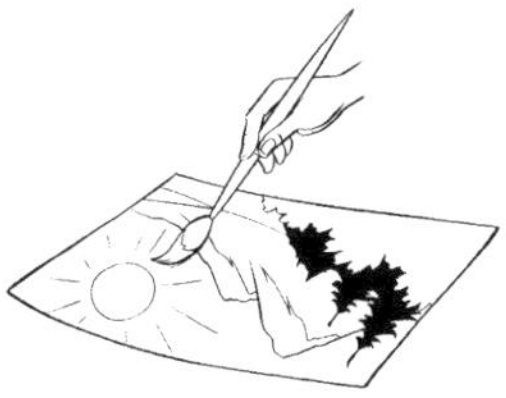

Schulwortschatz		
		die Aufgabe die Aufgaben *the task*

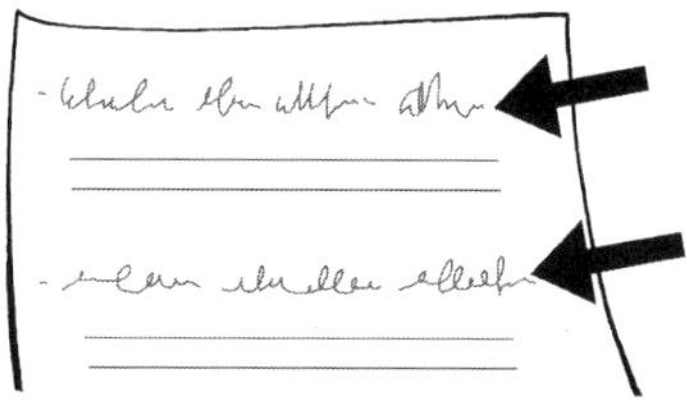

Schulwortschatz		
aufstehen steh auf! *to stand up*		das Aufstehen – *standing up*

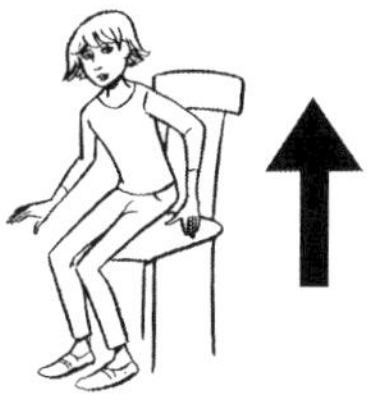

Schulwortschatz		
		die Aula die Aulen/Aulas *the assembly hall*

Schulwortschatz		
ausschneiden schneide aus! *to cut out*		das Ausschneiden – *cutting out*

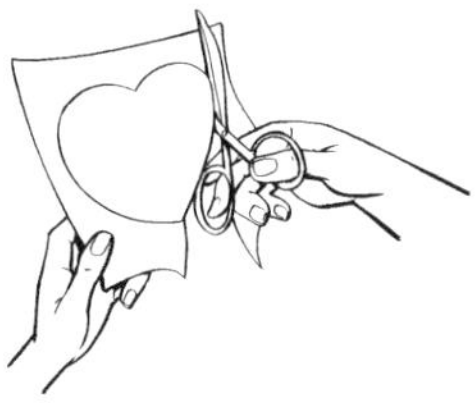

Schulwortschatz		
beantworten beantworte! *to answer*		die Beantwortung die Beantwortungen *the answer*

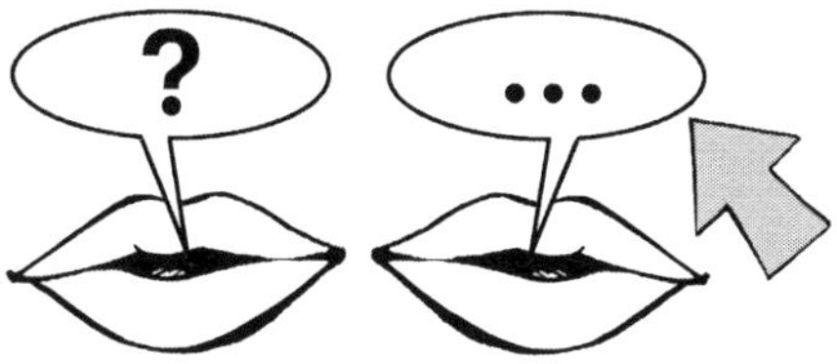

Schulwortschatz		
		das Beispiel die Beispiele *the example*

Schulwortschatz		
beschreiben beschreibe! *to describe*		die Beschreibung die Beschreibungen *the description*

Schulwortschatz		
beschriften beschrifte! *to label*		die Beschriftung die Beschriftungen *the label*

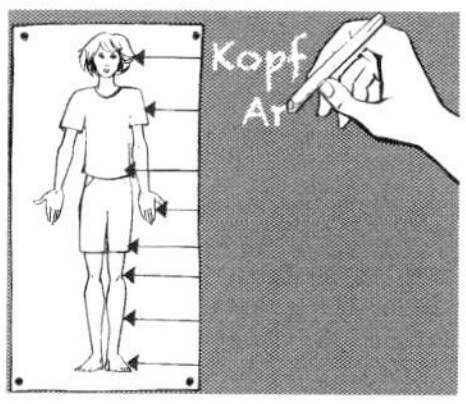

Schulwortschatz

Schulwortschatz

betrachten betrachte! *to examine*		die Betrachtung die Betrachtungen *the examination*

Schulwortschatz

	bildlich *pictorial*	**das Bild** die Bilder *the picture*

Schulwortschatz

		der Bleistift die Bleistifte *the pencil*

Schulwortschatz

		der Block die Blöcke *the notepad*

Schulwortschatz

		das Buch die Bücher *the book*

Schulwortschatz

buchstabieren buchstabiere! *to spell*		**der Buchstabe** die Buchstaben *the letter*

A

Schulwortschatz

		der Buntstift die Buntstifte *the coloured pencil*

Schulwortschatz

		das Datum – *the date*

1. Februar 2016

Schulwortschatz

durchstreichen streiche durch! *to cross out*	durchgestrichen *crossed out*	das Durchstreichen – *crossing out*

durchstreichen

Schulwortschatz

erklären erkläre! *to explain*		die Erklärung die Erklärungen *the explanation*

Schulwortschatz

Schulwortschatz

	falsch *wrong*	das Falsche – *the wrong answer*

$1 + 1 = 3$ f

Schulwortschatz

		das Fenster die Fenster *the window*

Schulwortschatz

fragen frage! *to ask*		die Frage die Fragen *the question*

Schulwortschatz

füllen fülle! *to fill*		**der Füller** die Füller *the ink pen*

Schulwortschatz

		der Hausmeister/ **die Hausmeisterin** die Hausmeister/-innen *the caretaker*

Schulwortschatz

		das Heft die Hefte *the exercise book*

Schulwortschatz

helfen hilf! *to help*		die Hilfe die Hilfen *the help*

Schulwortschatz

(sich) hinsetzen setze dich hin! *to sit down*		das Hinsetzen – *sitting down*

Schulwortschatz

hören höre! *to hear*		das Hören – *hearing*

Schulwortschatz

		das Kästchen die Kästchen *the box*

Schreibe das Wort in das ☐.

Schulwortschatz

Schulwortschatz

		das Klassenzimmer die Klassenzimmer *the classroom*

Schulwortschatz

lehren lehre! *to teach*		**der Lehrer/die Lehrerin** die Lehrer/-innen *the teacher*

Schulwortschatz

		das Lehrerzimmer die Lehrerzimmer *the teacher's room*

Schulwortschatz

	leicht *easy*	

1+1=2

Schulwortschatz

lernen lerne! *to learn*		das Lernen – *learning*

Schulwortschatz

lesen lies! *to read*		das Lesen – *reading*

Schulwortschatz

		das Lineal die Lineale *the ruler*

Schulwortschatz

		die Lücke die Lücken *the gap*

Fülle die ____________ aus.

Schulwortschatz

		das Mäppchen die Mäppchen *the pencil case*

Schulwortschatz

markieren markiere! *to highlight*		die Markierung die Markierungen *the highlight*

Schulwortschatz

Schulwortschatz

nennen nenne! *to name*		das Nennen – *the naming*

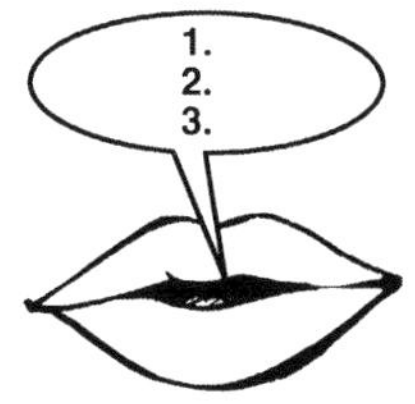

Schulwortschatz

ordnen ordne! *to order*		die Ordnung – *the order*

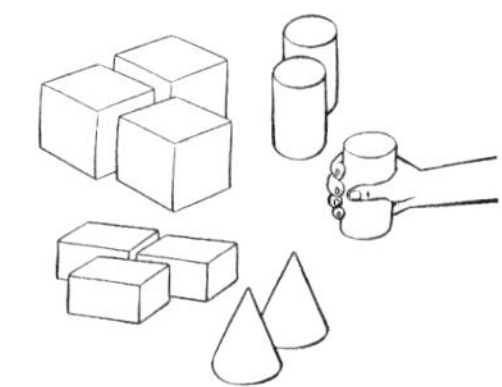

Schulwortschatz

		der Ordner die Ordner *the file*

Schulwortschatz

		der Papierkorb die Papierkörbe *the waste paper basket*

Schulwortschatz

		die Pause die Pausen *the break*

	Montag	Dienstag
8:00-8:45	Deutsch	Mathematik
8:45-9:30	Deutsch	Englisch
9:30-9:50	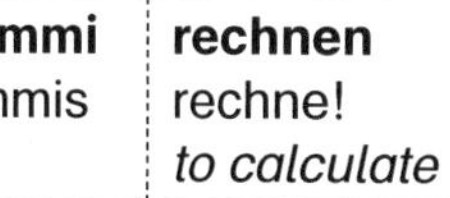	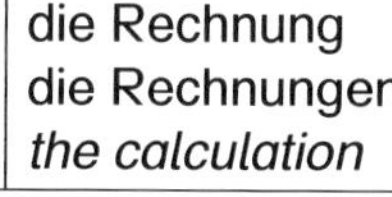
9:50-10:35	Englisch	Deutsch

Schulwortschatz

		der Pausenhof die Pausenhöfe *the schoolyard*

Schulwortschatz

radieren radiere! *to rub out*		**der Radiergummi** die Radiergummis *the rubber*

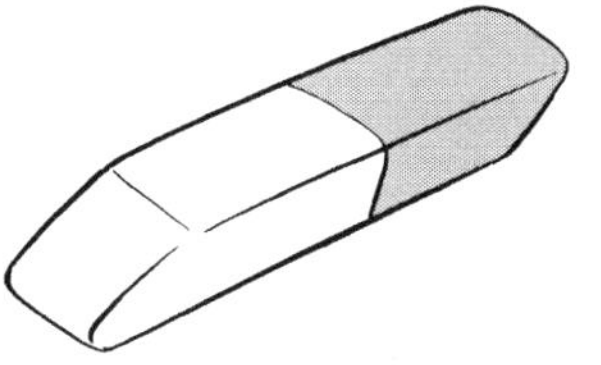

Schulwortschatz

rechnen rechne! *to calculate*		die Rechnung die Rechnungen *the calculation*

Schulwortschatz

		die Reihenfolge die Reihenfolgen *the order*

1 ➡ 2 ➡ 3 ➡ 4 ➡ 5 ➡ …

Schulwortschatz

	richtig *right*	das Richtige – *the right answer*

1 + 1 = 2 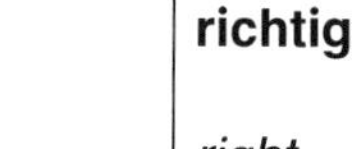

Schulwortschatz

Schulwortschatz

		die Schere die Scheren *the scissors*

Schulwortschatz

schreiben schreibe! *to write*		das Schreiben – *writing*

Schulwortschatz

		der Schulleiter/ die Schulleiterin die Schulleiter/-innen *the head teacher*

Schulwortschatz

	schwer *difficult*	

$$\int_a^b f(x)dx=F(b)-F(a)$$

Schulwortschatz

sehen sieh! *to see*		das Sehen – *seeing*

Schulwortschatz

		das Sekretariat die Sekretariate *the school office*

Schulwortschatz

spielen spiele! *to play*		das Spiel die Spiele *the game*

Schulwortschatz

spitzen spitze! *to sharpen*	spitz *sharp*	**der Spitzer** die Spitzer *the pencil sharpener*

Schulwortschatz

sprechen sprich! *to speak*		das Sprechen – *speaking*

Schulwortschatz

		der Stift die Stifte *the pen*

Schulwortschatz

Schulwortschatz

		der Stuhl die Stühle *the chair*

Schulwortschatz

suchen suche! *to search*		die Suche die Suchen *the search*

Schulwortschatz

		die Tabelle die Tabellen *the table*

falsch	richtig

Schulwortschatz

		die Tafel die Tafeln *the blackboard*

Schulwortschatz

		die Tasche die Taschen *the bag*

Schulwortschatz

		der Textmarker die Textmarker *the highlighter*

Schulwortschatz

		der Tisch die Tische *the table*

Schulwortschatz

überlegen überlege! *to consider*		die Überlegung die Überlegungen *the consideration*

Schulwortschatz

überprüfen überprüfe! *to check*		die Überprüfung die Überprüfungen *the check*

Schulwortschatz

übersetzen übersetze! *to translate*		die Übersetzung die Übersetzungen *the translation*

Schulwortschatz

Schulwortschatz

		die Uhr die Uhren *the clock*

Schulwortschatz

verbinden verbinde! *to connect*		die Verbindung die Verbindungen *the connection*

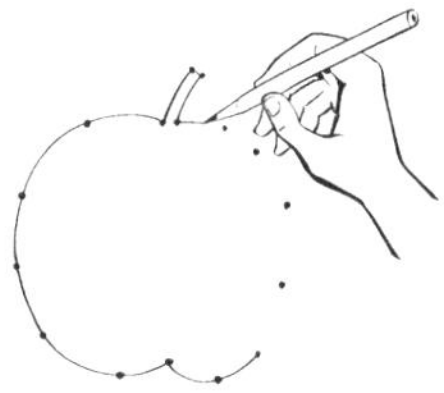

Schulwortschatz

wiederholen wiederhole! *to repeat*		die Wiederholung die Wiederholungen *the repetition*

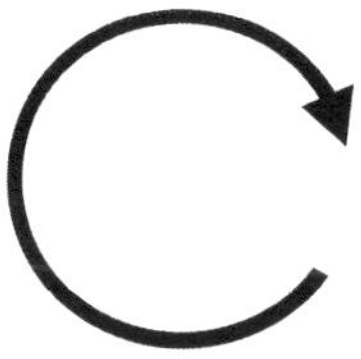

Schulwortschatz

		das Wort die Wörter *the word*

Wort

Schulwortschatz

		das Wörterbuch die Wörterbücher *the dictionary*

Schulwortschatz

zählen zähle! *to count*		**die Zahl** die Zahlen *the number*

1

Schulwortschatz

zeichnen zeichne! *to draw*		die Zeichnung die Zeichnungen *the drawing*

Schulwortschatz

zeigen zeige! *to show*		das Zeigen – *the showing*

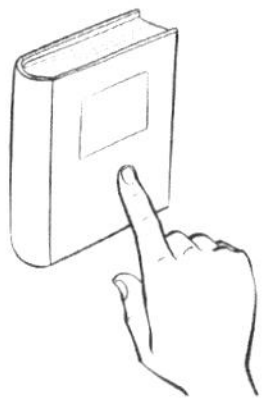

Schulwortschatz

	zeitlich *temporal*	**die Zeit** die Zeiten *the time*

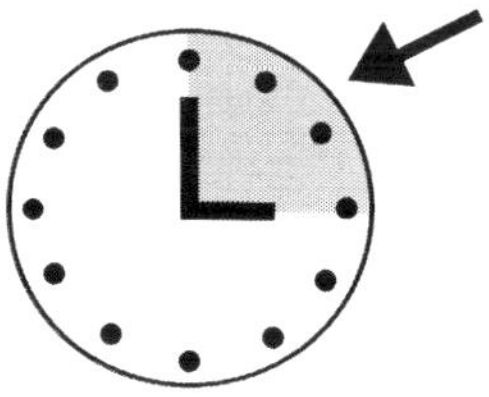

Schulwortschatz

zuordnen ordne zu! *to match*		die Zuordnung die Zuordnungen *the match*

BAUM

Fachwortschatz Mathematik

		die Achse die Achsen *the axis*

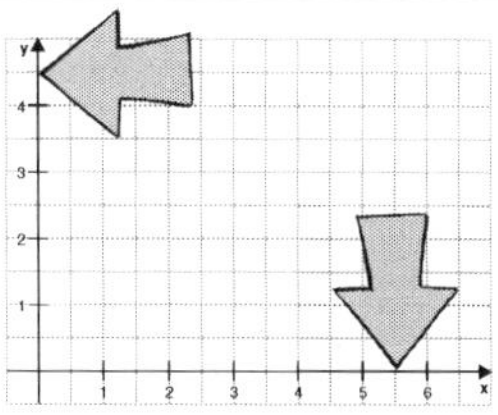

Fachwortschatz Mathematik

addieren addiere! *to add up*		die Addition die Additionen *the addition*

8 + 14 = 22

Fachwortschatz Mathematik

		die Anzahl die Anzahlen the number

2 4

Fachwortschatz Mathematik

		die Dezimalzahl die Dezimalzahlen *the decimal number*

3,41

Fachwortschatz Mathematik

		das Diagramm die Diagramme *the diagram*

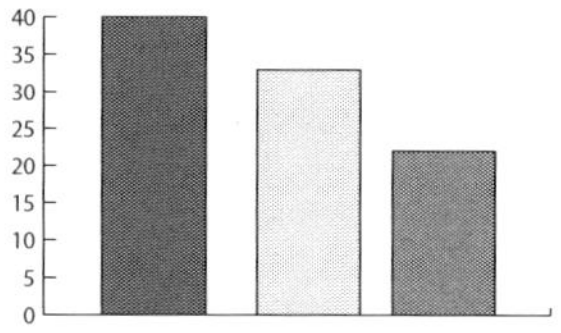

Fachwortschatz Mathematik

		die Differenz die Differenzen *the difference*

7 – 3 = 4

Wert der Differenz

Fachwortschatz Mathematik

	dreieckig *triangular*	**das Dreieck** die Dreiecke *the triangle*

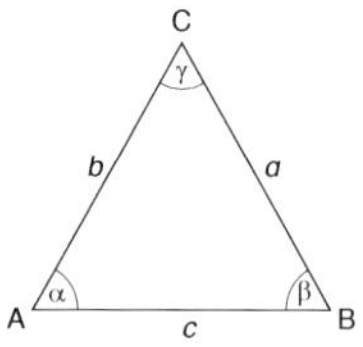

Fachwortschatz Mathematik

		die Einheit die Einheiten *the unit*

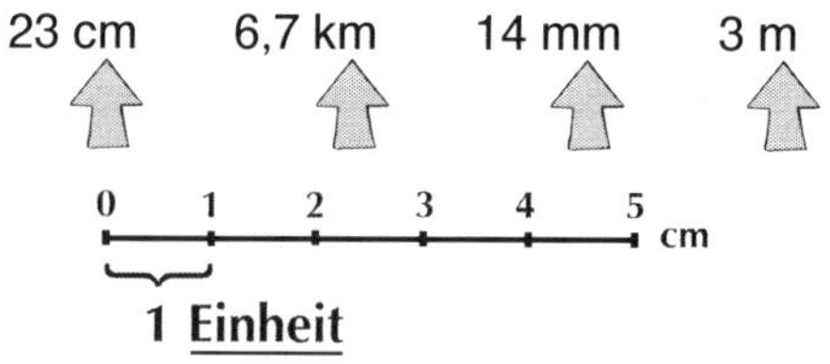

23 cm 6,7 km 14 mm 3 m

1 Einheit

Fachwortschatz Mathematik

einsetzen setze ein! *to insert*		die Einsetzung die Einsetzungen *the substitution*

Fachwortschatz Mathematik

eintragen trage ein! *to enter*		der Eintrag die Einträge *the entry*

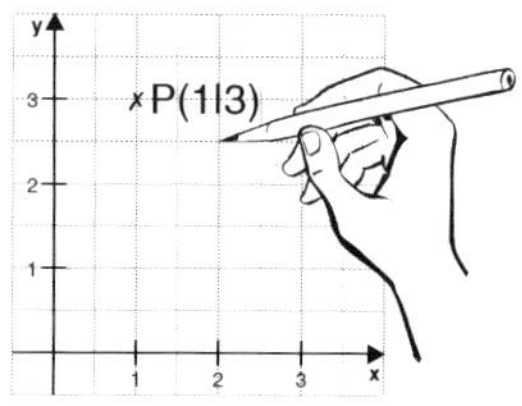

P(1|3)

Fachwortschatz

Fachwortschatz Mathematik		
ermitteln ermittle! *to determine*		die Ermittlung die Ermittlungen *the determination*

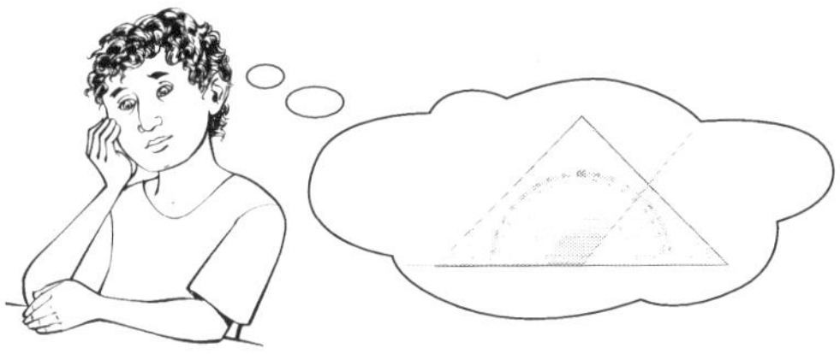

Fachwortschatz Mathematik		
		die Fläche die Flächen *the area*

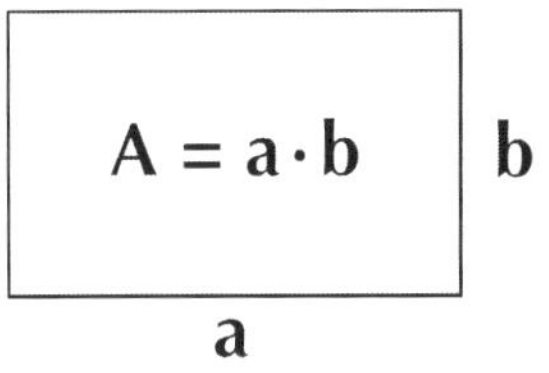

$$A = a \cdot b$$

b

a

Fachwortschatz Mathematik		
		die Funktionsgleichung die Funktionsgleichungen *the function equation*

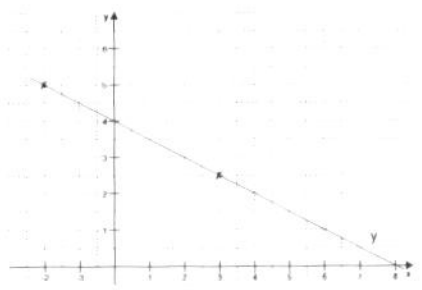

$y = -\frac{1}{2}x + 4$ 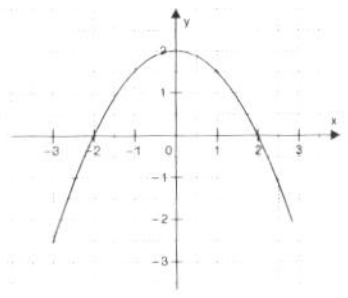 $\quad$ $y = -0{,}5x^2 + 2$

Fachwortschatz Mathematik		
		das Geodreieck die Geodreiecke *the set square*

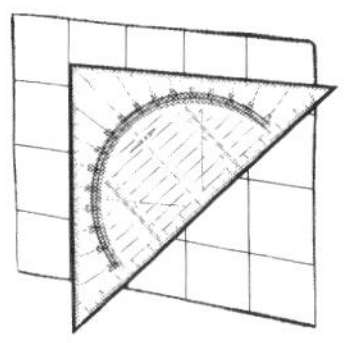

Fachwortschatz Mathematik		
	gerade *straight*	**die Gerade** die Geraden *the straight line*

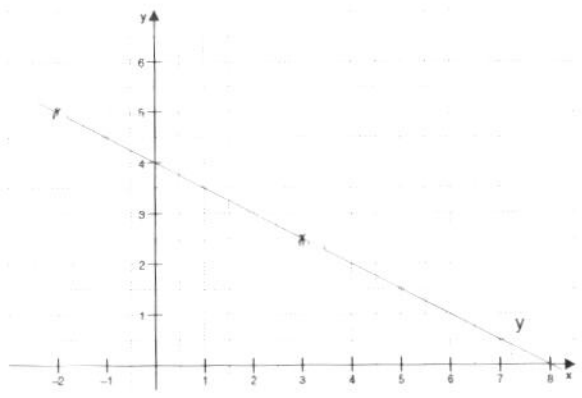

$y = -\frac{1}{2}x + 4$

Fachwortschatz Mathematik		
gewichten gewichte! *to weight*	gewichtig *weighty*	**das Gewicht** die Gewichte *the weight*

250 g

Fachwortschatz Mathematik		
		die Gewichtseinheit die Gewichtseinheiten *the weight unit*

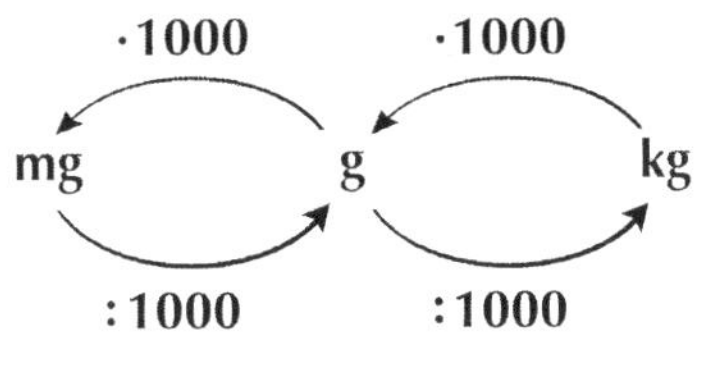

mg ← ·1000 ← g ← ·1000 ← kg

mg → :1000 → g → :1000 → kg

Fachwortschatz Mathematik		
sich gleichen – *to equal sth.*	gleich *equal*	**die Gleichung** die Gleichungen *the equation*

$2x = 10 \quad |:2$

$x = 5$

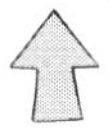

Fachwortschatz Mathematik		
		der Graph die Graphen *the graph*

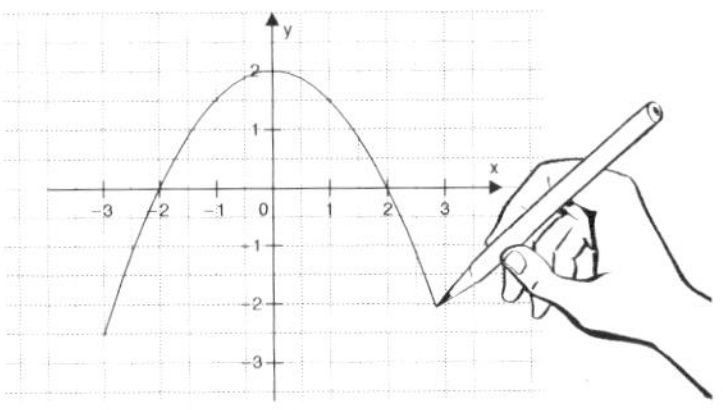

Fachwortschatz Mathematik		
	groß *big*	**die Größe** die Größen *the dimensions*

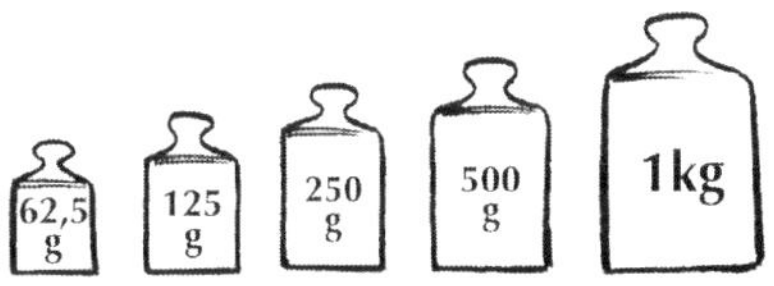

62,5 g — 125 g — 250 g — 500 g — 1kg

Fachwortschatz

Fachwortschatz Mathematik

	größer als *greater than*	

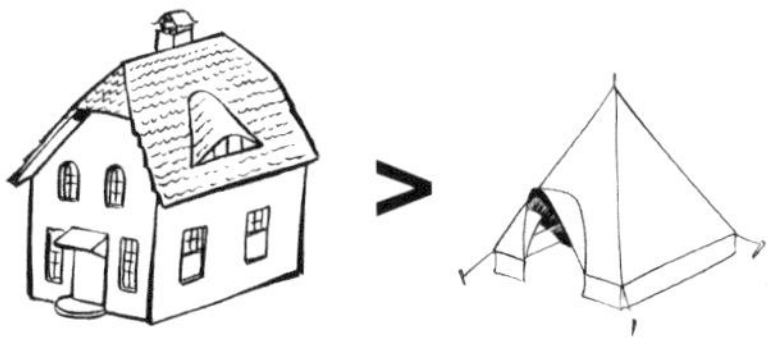

Fachwortschatz Mathematik

		die Grundfläche die Grundflächen *the base*

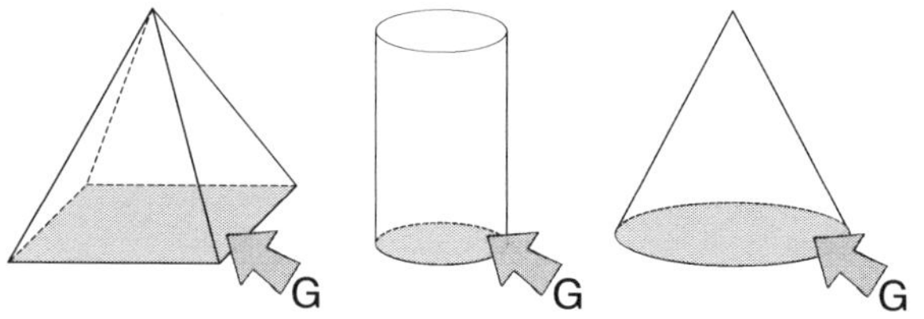

Fachwortschatz Mathematik

	hoch *high*	**die Höhe** die Höhen *the height*

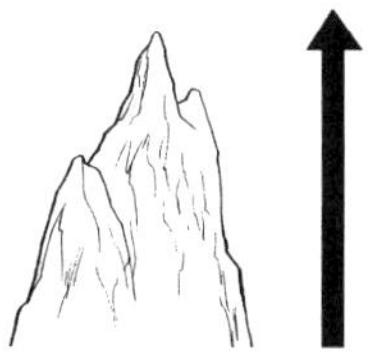

Fachwortschatz Mathematik

		die Hypotenuse die Hypotenusen *the hypotenuse*

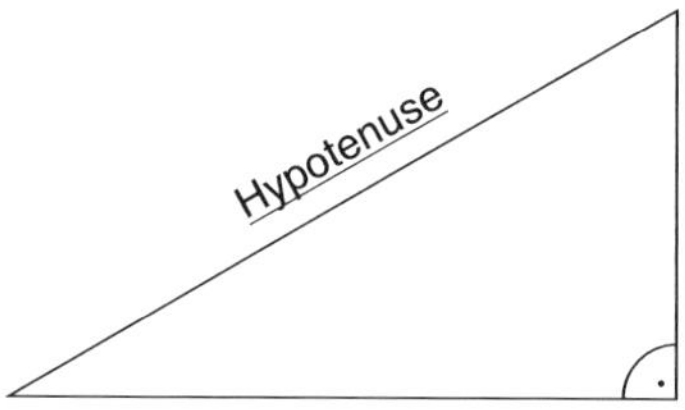

Fachwortschatz Mathematik

kaufen kaufe! *to buy*		der Kauf die Käufe *the purchase*

Fachwortschatz Mathematik

	kleiner als *less than*	

Fachwortschatz Mathematik

konstruieren konstruiere! *to construct*		die Konstruktion die Konstruktionen *the construction*

Fachwortschatz Mathematik

		das Koordinatensystem die Koordinatensysteme *the coordinate system*

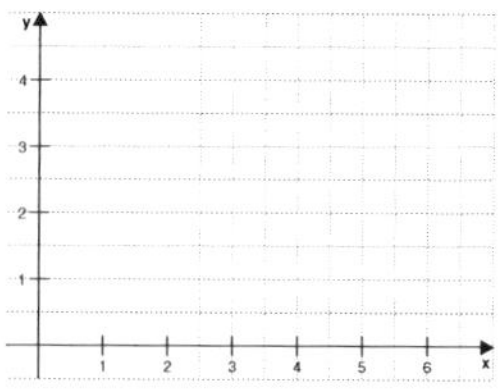

Fachwortschatz Mathematik

		der Kreis die Kreise *the circle*

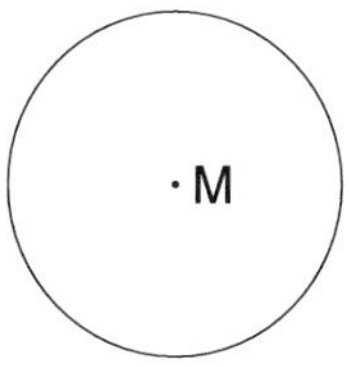

Fachwortschatz Mathematik

		die Kugel die Kugeln *the sphere*

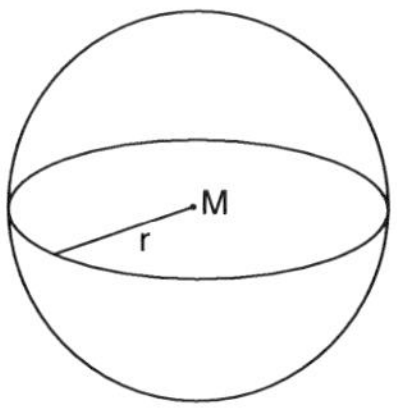

Fachwortschatz Mathematik

	lang *long*	**die Länge** die Längen *the length*

Fachwortschatz Mathematik

		die Längeneinheit die Längeneinheiten *the length unit*

Fachwortschatz Mathematik

lösen löse! *to solve*		**die Lösung** die Lösungen *the solution*

Fachwortschatz Mathematik

messen miss! *to measure*		die Messung die Messungen *the measurement*

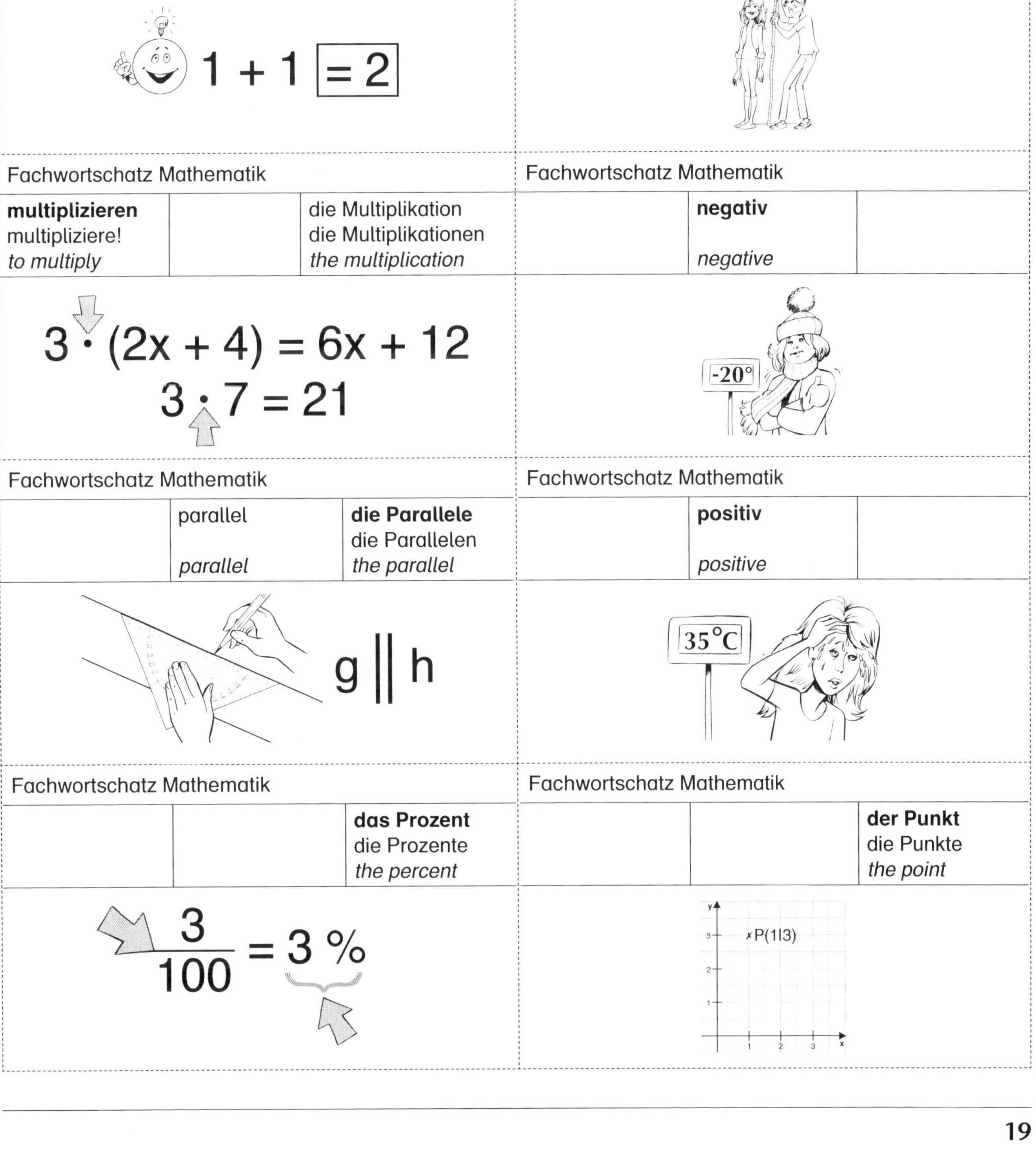

Fachwortschatz Mathematik

multiplizieren multipliziere! *to multiply*		die Multiplikation die Multiplikationen *the multiplication*

Fachwortschatz Mathematik

	negativ *negative*	

Fachwortschatz Mathematik

	parallel *parallel*	**die Parallele** die Parallelen *the parallel*

Fachwortschatz Mathematik

	positiv *positive*	

Fachwortschatz Mathematik

		das Prozent die Prozente *the percent*

Fachwortschatz Mathematik

		der Punkt die Punkte *the point*

Fachwortschatz

Fachwortschatz Mathematik		
	quadratisch *square*	**das Quadrat** die Quadrate *the square*

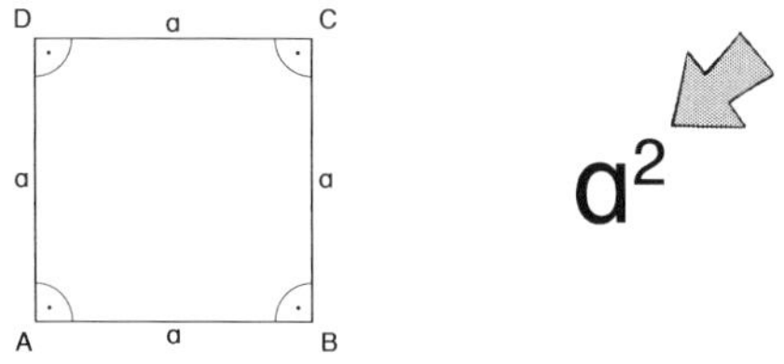

D a C, a a, A a B

a^2

Fachwortschatz Mathematik		
		das Rechenzeichen die Rechenzeichen *the arithmetic operator*

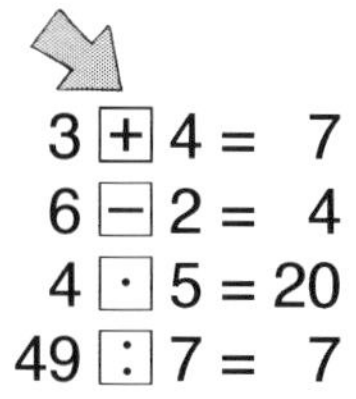

3 + 4 = 7
6 − 2 = 4
4 · 5 = 20
49 : 7 = 7

Fachwortschatz Mathematik		
		das Rechteck die Rechtecke *the rectangle*

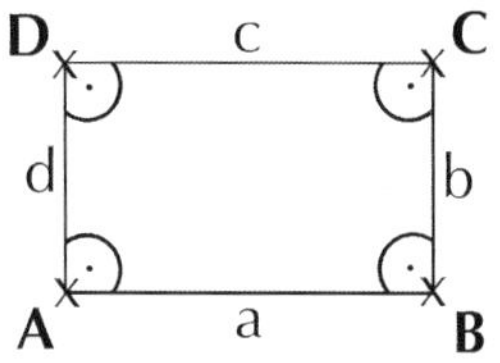

D c C, d b, A a B

Fachwortschatz Mathematik		
	rechtwinklig *square*	**der rechte Winkel** die rechten Winkel *the right angle*

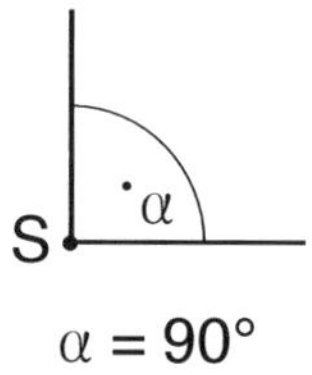

S, α

$\alpha = 90°$

Fachwortschatz Mathematik		
regeln regele! *to regulate*		**die Regel** die Regeln *the rule*

!
Regel

Fachwortschatz Mathematik		
		der Schnittpunkt die Schnittpunkte *the point of intersection*

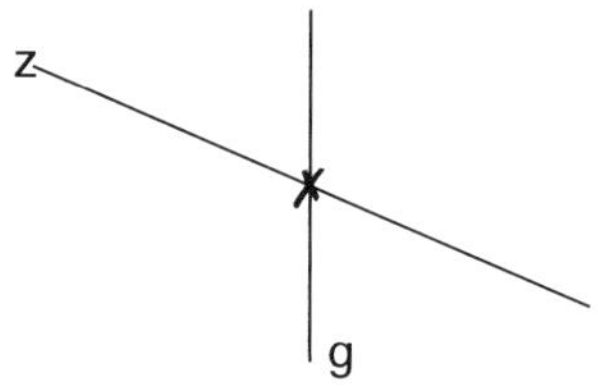

z, g

Fachwortschatz Mathematik		
		das Schrägbild die Schrägbilder *the axonometry*

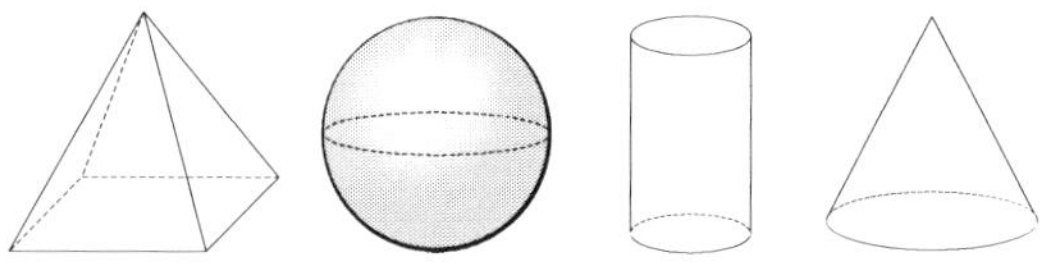

Fachwortschatz Mathematik		
		die Seite die Seiten *the side*

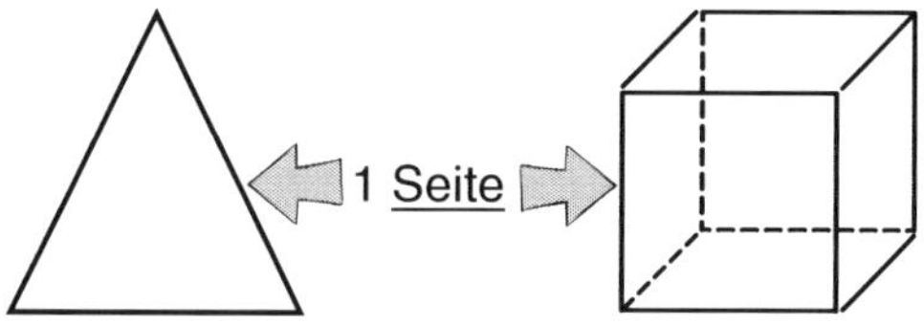

1 Seite

Fachwortschatz Mathematik		
		die Strecke die Strecken *the line segment*

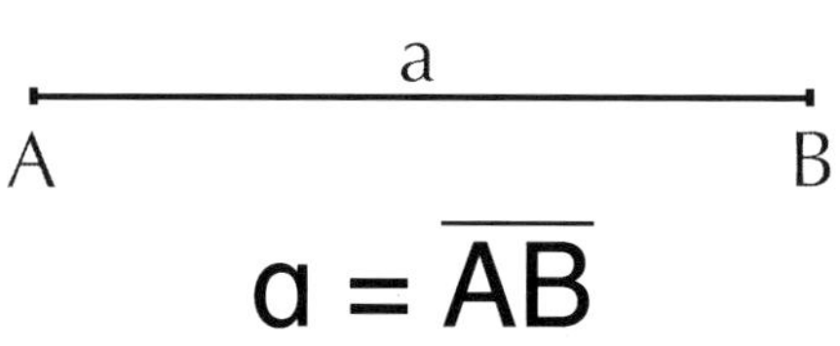

a
A B

$a = \overline{AB}$

Fachwortschatz Mathematik		
subtrahieren subtrahiere! *to subtract*		die Subtraktion die Subtraktionen *the subtraction*

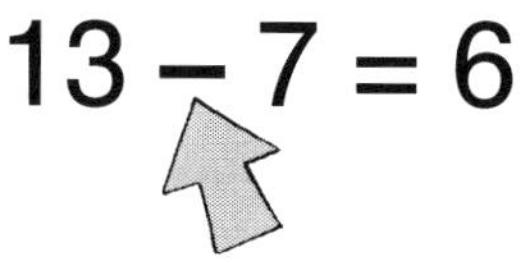

13 − 7 = 6

Fachwortschatz

Fachwortschatz Mathematik

		die Summe die Summen *the sum*

$7 + 3 = \boxed{10}$

Wert der Summe

Fachwortschatz Mathematik

		der Taschenrechner die Taschenrechner *the calculator*

Fachwortschatz Mathematik

		der Term die Terme *the term*

$\underbrace{3 + 8 + 12}_{\text{Term}} = 23$

Fachwortschatz Mathematik

		der Umfang die Umfänge *the perimeter*

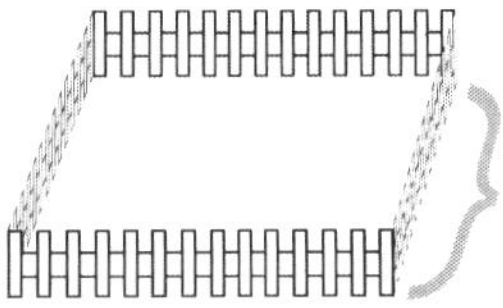

5 m

U = 5 m + 5 m + 5 m + 5 m = 20 m

Fachwortschatz Mathematik

		die Variable die Variablen *the variable*

ⓐ= … ⓑ= …

2ⓧ+ 3ⓧ= 5ⓧ

ⓧ= … ⓨ= …

Fachwortschatz Mathematik

		das Volumen die Volumina *the volume*

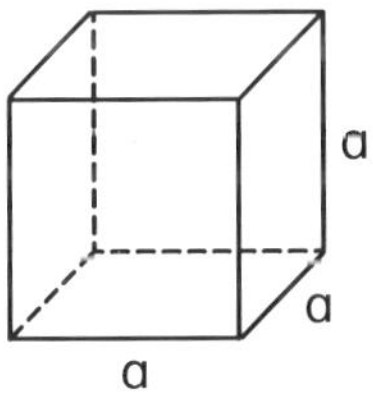

a a a

Volumen (V)

$= a \cdot a \cdot a$

Fachwortschatz Mathematik

		die Wertetabelle die Wertetabellen *the table of values*

Anzahl der Brötchen	Preis in Euro (€)
1	0,25 €
2	0,50 €

Fachwortschatz Mathematik

anwinkeln winkle an! *to bend*		**der Winkel** die Winkel *the angle*

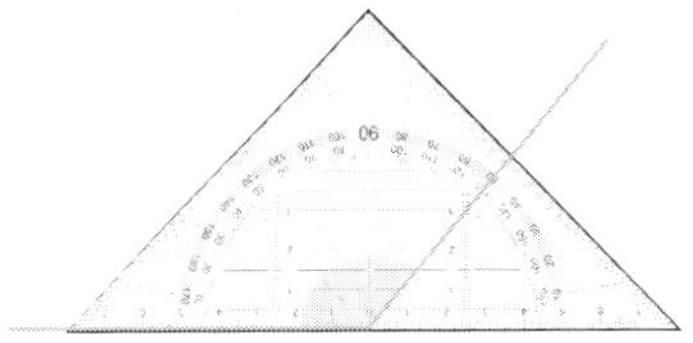

Fachwortschatz Mathematik

		die Wurzel die Wurzeln *the root*

$\sqrt{}$

$\sqrt{9} = \sqrt{3^2} = \sqrt{3 \cdot 3} = 3$

Fachwortschatz Mathematik

		die Zeiteinheit die Zeiteinheiten *the time unit*

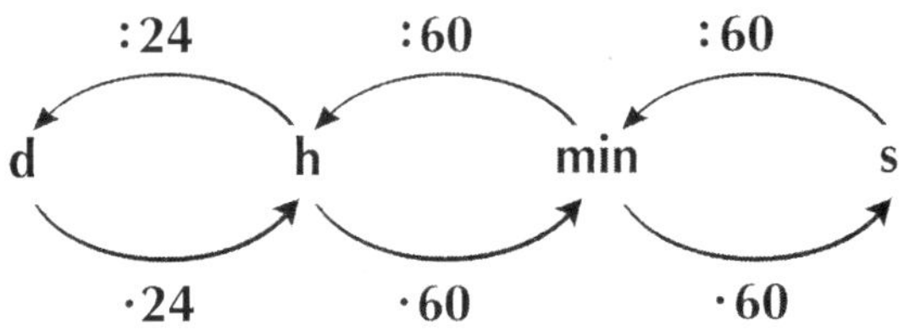

:24 :60 :60

d h min s

·24 ·60 ·60

Das Koordinatensystem

Das Koordinatensystem

		die Hochachse die Hochachsen *the vertical axis*

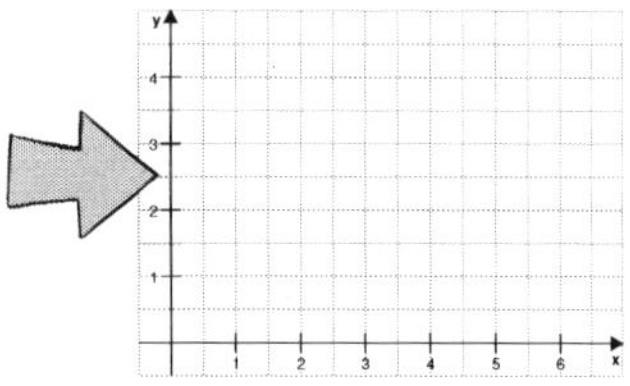

Das Koordinatensystem

		die Koordinate **die Koordinaten** *the coordinates*

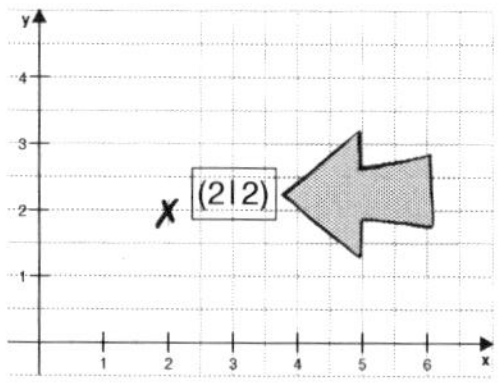

(2|2)

Das Koordinatensystem

		der Koordinatenursprung die Koordinatenursprünge *the point of origin*

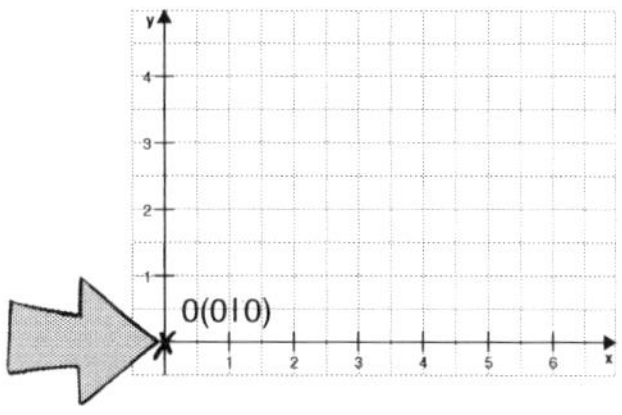

0(0|0)

Das Koordinatensystem

		der Quadrant die Quadranten *the quadrant*

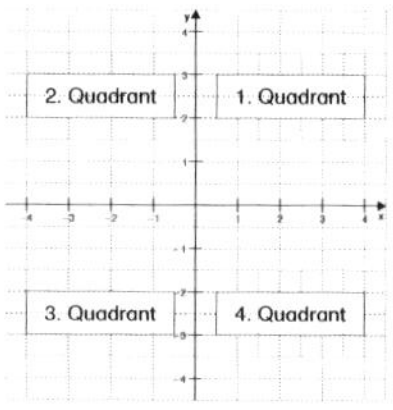

2. Quadrant 1. Quadrant
3. Quadrant 4. Quadrant

Das Koordinatensystem

		die Rechtsachse die Rechtsachsen *the horizontal axis*

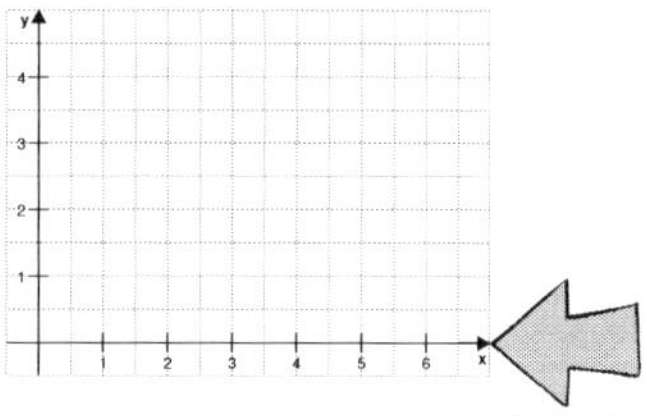

Das Koordinatensystem 1

Ela trägt (→ eintragen) 3 Punkte in das Koordinatensystem ein: A (2 I 1); B (5 I 2,5); C (3 I 4)

1. Verbinde die Punkte A bis C (A – B – C – A) mit einem spitzen Bleistift und einem Lineal zu einem Dreieck.

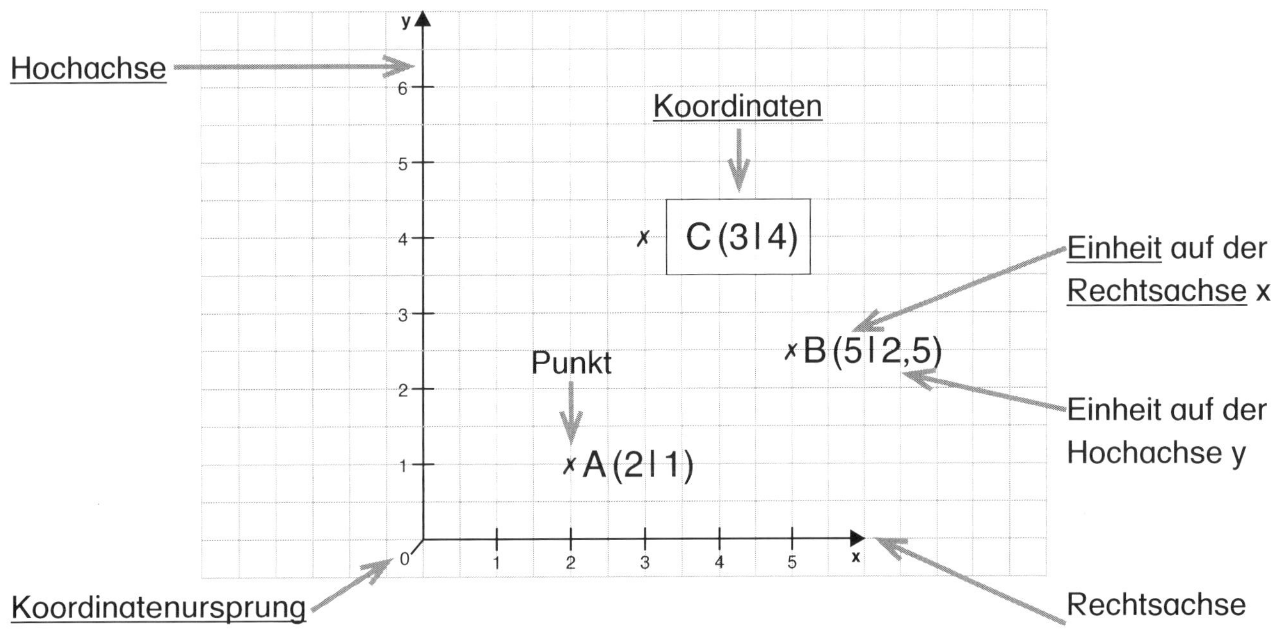

2. a) Trage (→ eintragen) die Punkte in das Koordinatensystem mit einem spitzen Bleistift ein: A (0 I 4); B (3 I 0); C (6 I 4); D (4,5 I 6); E (3 I 5); F (1,5 I 6)

b) Verbinde die Punkte mit einem Lineal in alphabetischer Reihenfolge von A bis F. Dann von F zu A (A – B – C – D – E – F – A).

c) Male (→ anmalen) die Fläche mit einem Buntstift an.

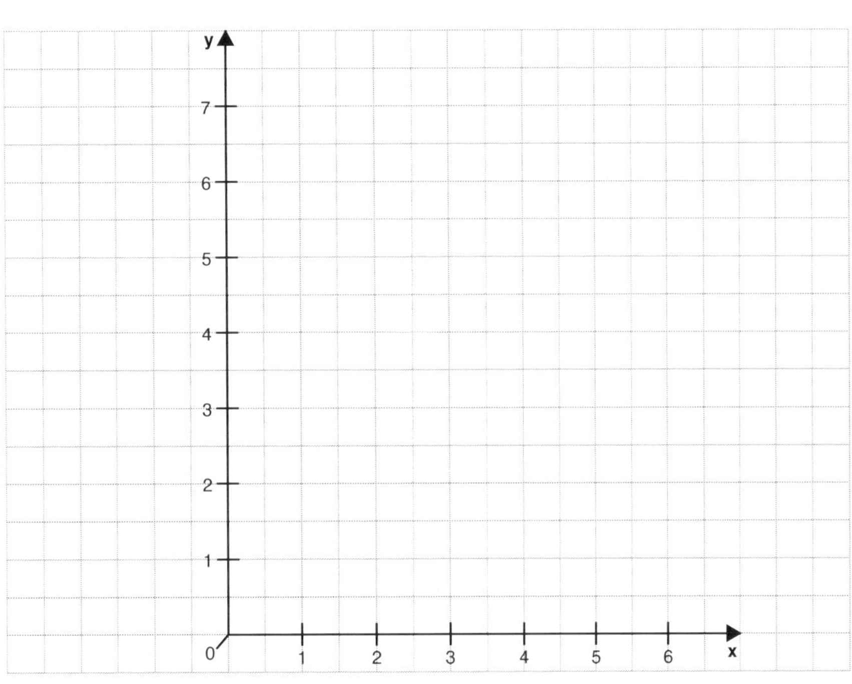

Das Koordinatensystem 2

3. Schreibe die Koordinaten der Punkte in die Lücken.

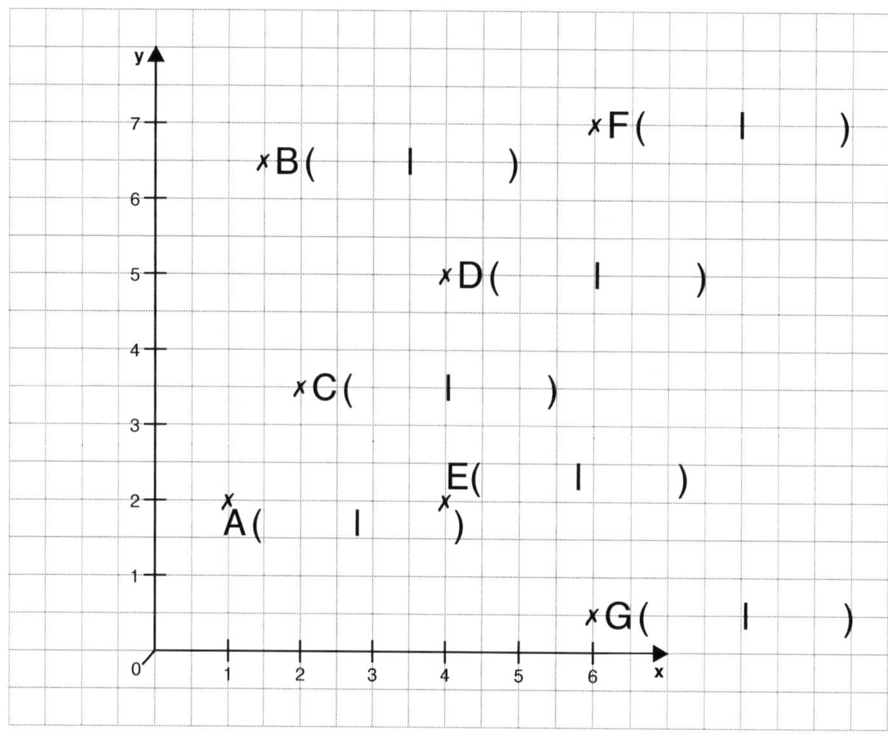

4. a) Miss (→ messen) die Längen der Strecken mit dem Geodreieck.

b) Schreibe die Längen in die Kästchen. (Längeneinheiten!)

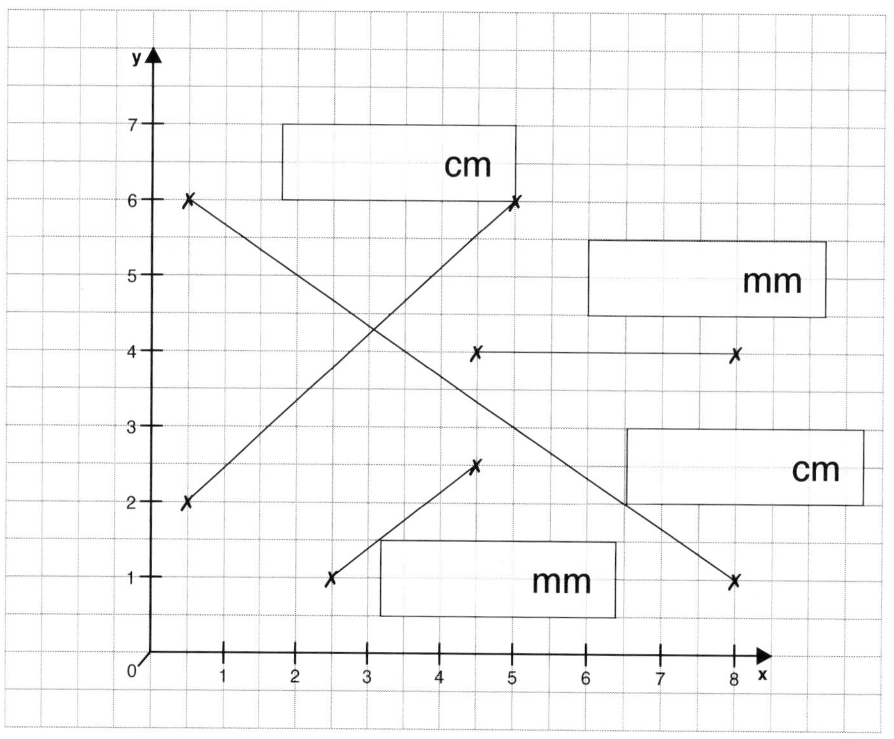

Das Koordinatensystem

1.

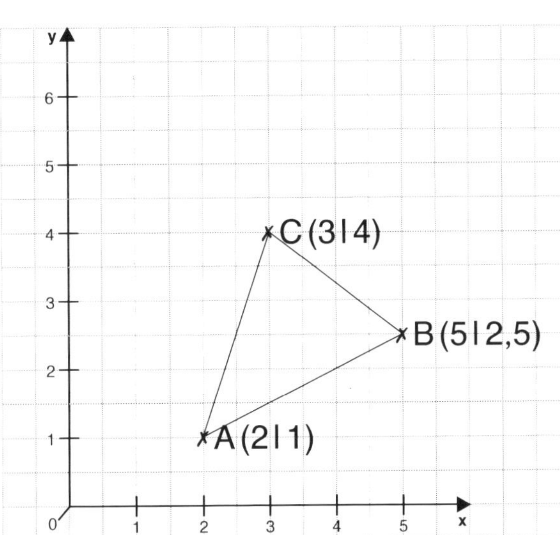
C (3|4)
B (5|2,5)
A (2|1)

2.

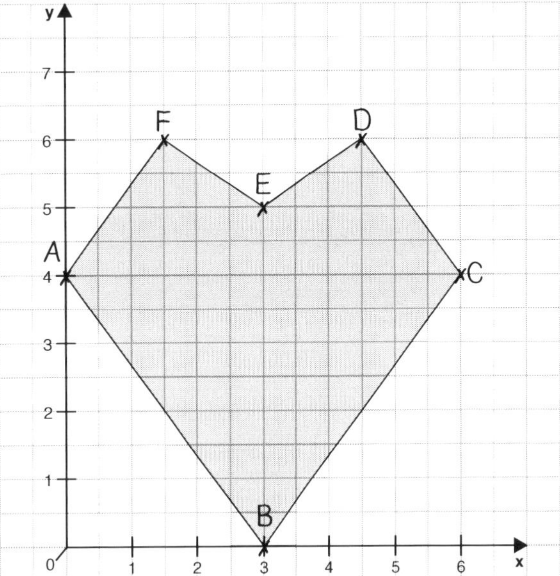
F
D
E
A
C
B

3.

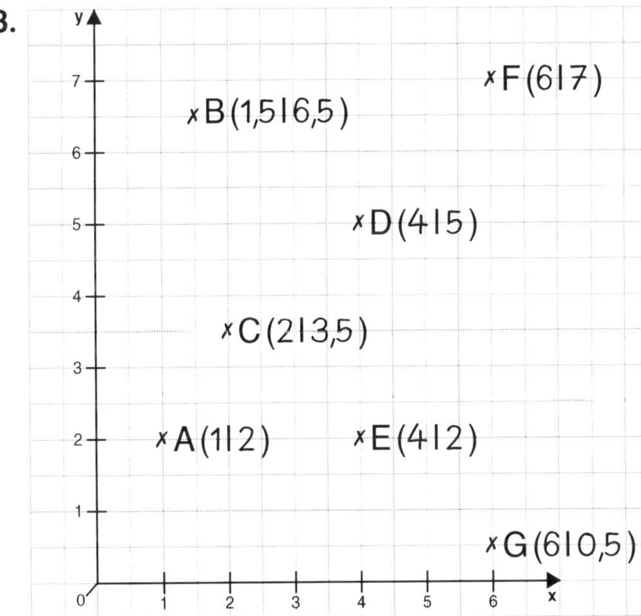
F (6|7)
B (1,5|6,5)
D (4|5)
C (2|3,5)
A (1|2)
E (4|2)
G (6|0,5)

4.

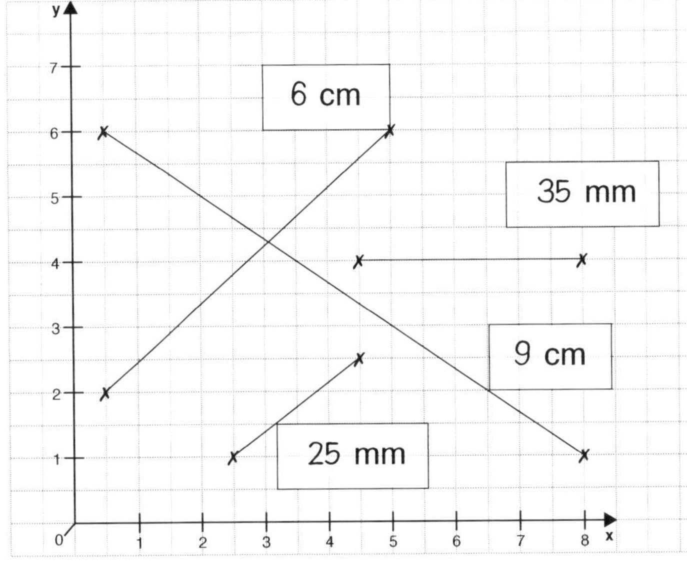
6 cm
35 mm
9 cm
25 mm

Das Koordinatensystem 1

Gregor trägt (→ eintragen) vier Punkte in das Koordinatensystem ein:
A (–2 I –1,5); B (3 I –1,5); C (3 I 1); D (–2 I 1)

1. Verbinde die Punkte A bis D (A – B – C – D – A) mit einem spitzen Bleistift und einem Lineal zu einem Rechteck.

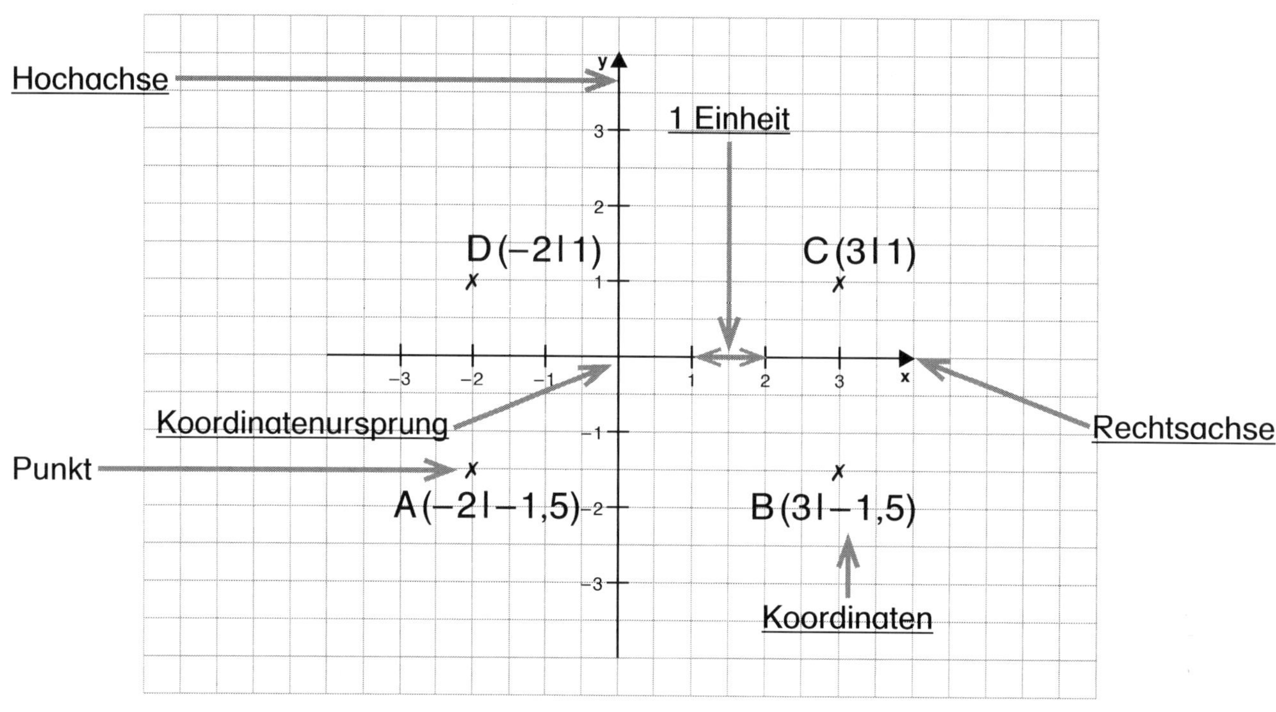

2. Schreibe die Koordinaten der Punkte in die Lücken. (Einheit!)

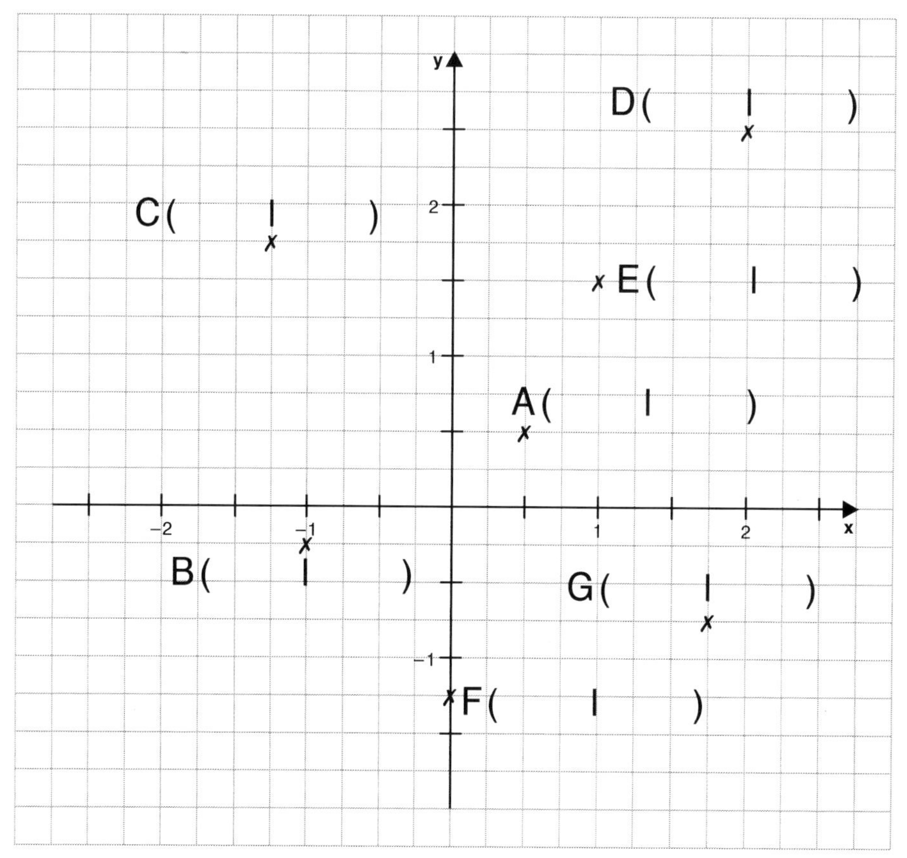

3. a) Miss (→ messen) die Längen der Strecken mit einem Geodreieck.

b) Schreibe sie in die Kästchen.

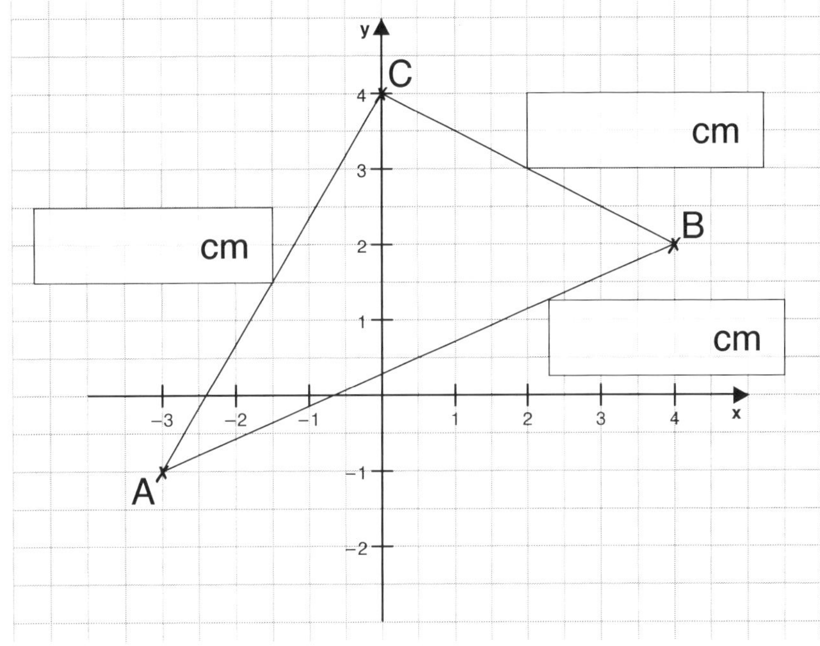

c) Berechne (→ rechnen) den Umfang des Dreiecks.

Rechnung: U = ____________ + ____________ + ____________ = ______________

Lösung: Der Umfang des Dreiecks ist _____ Zentimeter (cm).

4. a) Trage (→ eintragen) die Punkte A (–1 I –1) und B (3 I 1) mit einem spitzen Bleistift in das Koordinatensystem ein.
Beschrifte die Punkte.

b) Zeichne durch die Punkte A und B mit einem Buntstift und einem Geodreieck die Gerade g.
Beschrifte die Gerade mit g.

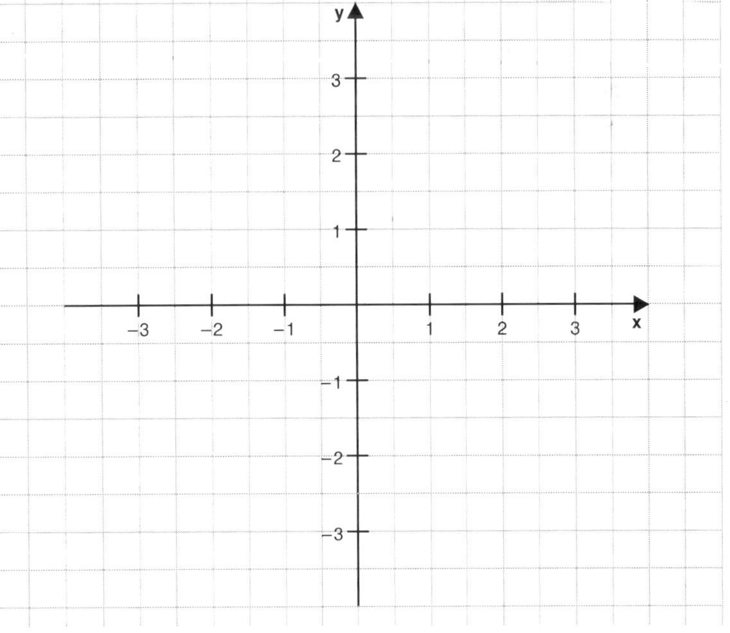

5. In welchem Quadranten sind die Punkte? Kreuze (→ ankreuzen) die richtige Lösung an.

A (7 I – 1,5)	B (– 3 I 2)	C (4,5 I 6)	D (– 5,5 I – 1)
☐ 1. Quadrant ☐ 4. Quadrant	☐ 2. Quadrant ☐ 3. Quadrant ☐ 4. Quadrant	☐ 1. Quadrant ☐ 2. Quadrant ☐ 3. Quadrant	☐ 1. Quadrant ☐ 3. Quadrant ☐ 4. Quadrant

1.

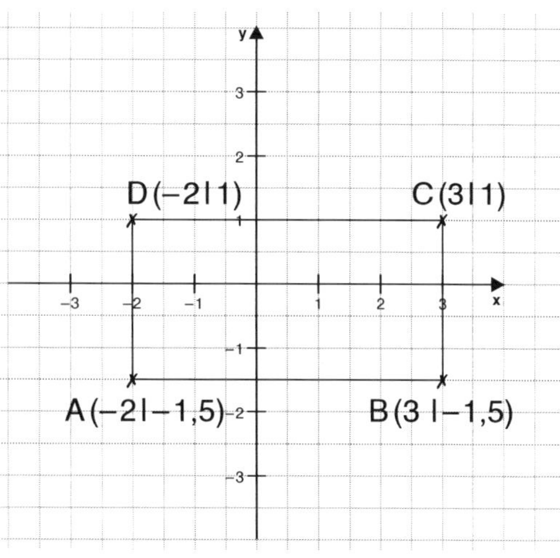

2.

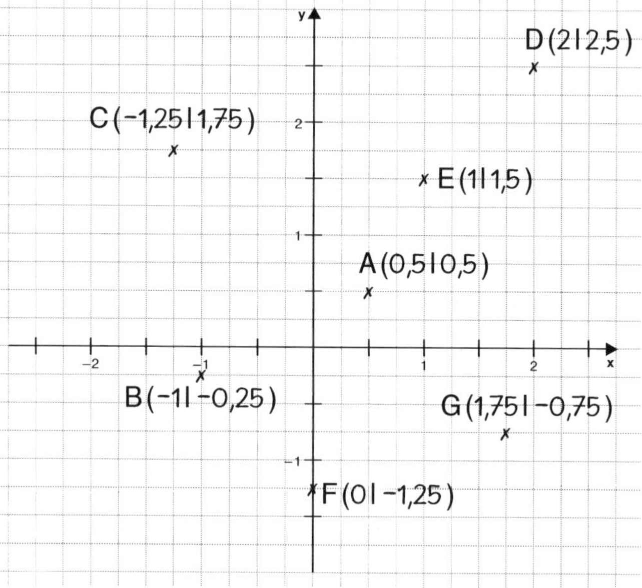

3. b)

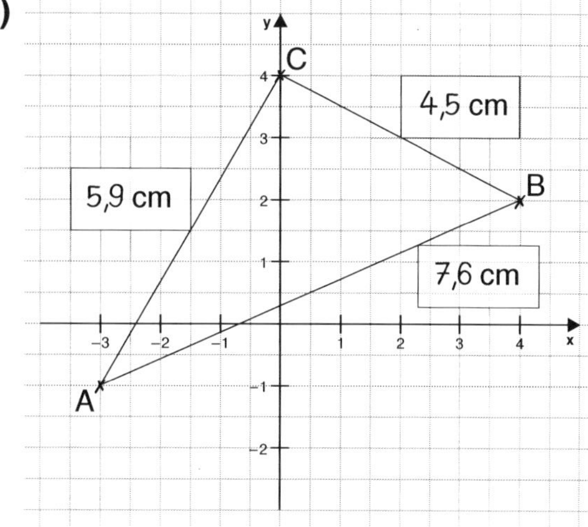

c) Rechnung:

U = 4,5 cm + 5,9 cm + 7,6 cm = 18 cm

Lösung:

Der Umfang des Dreiecks

ist 18 Zentimeter (cm).

4.

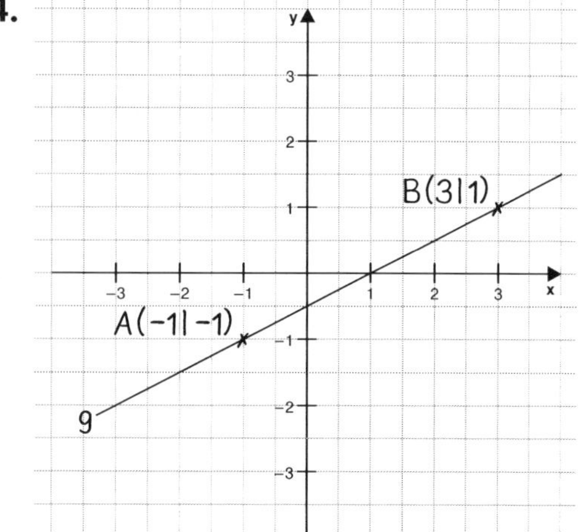

5.

A (7 | – 1,5)	B (– 3 | 2)	C (4,5 | 6)	D (– 5,5 | – 1)
☐ 1. Quadrant ☒ 4. Quadrant	☒ 2. Quadrant ☐ 3. Quadrant ☐ 4. Quadrant	☒ 1. Quadrant ☐ 2. Quadrant ☐ 3. Quadrant	☐ 1. Quadrant ☒ 3. Quadrant ☐ 4. Quadrant

Quadrat und Rechteck		
	eckig *square*	**die Ecke** die Ecken *the corner*

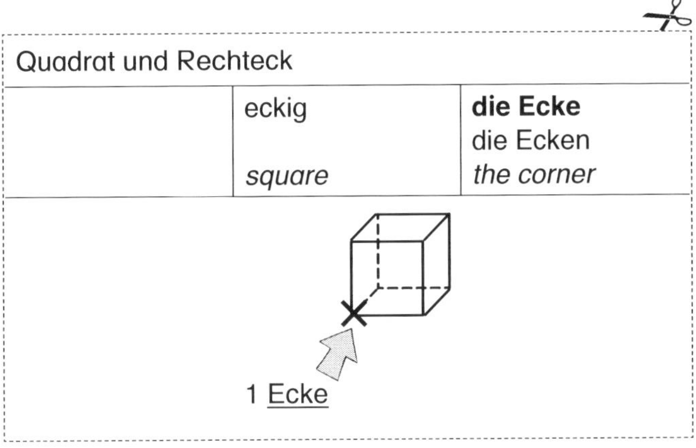

Quadrat und Rechteck 1

1. Sinan zeichnet 4 Punkte in sein Heft.

a) Verbinde die Punkte A, B, C und D mit einem spitzen Bleistift.

b) Markiere die rechten Winkel im Rechteck mit ⊾.

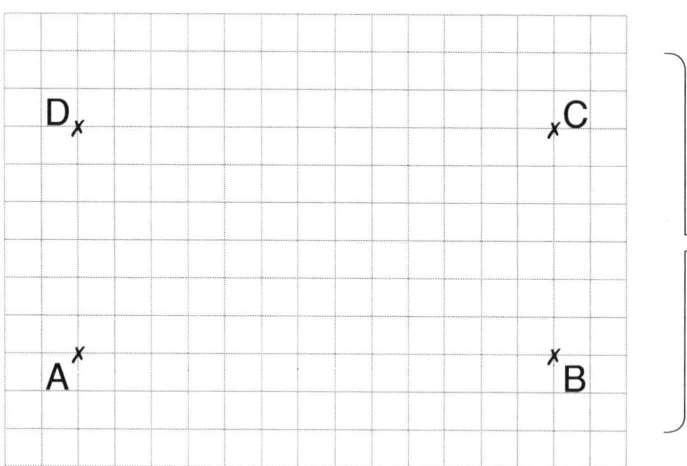

Regel: Das ist ein Rechteck.

Ein Rechteck hat 4 rechte Winkel.

2. Ela zeichnet ein Quadrat mit der Länge $a = 2{,}5$ cm für jede Seite.

a) Hilf (→ helfen) ihr und zeichne mit einem spitzen Bleistift das Quadrat.

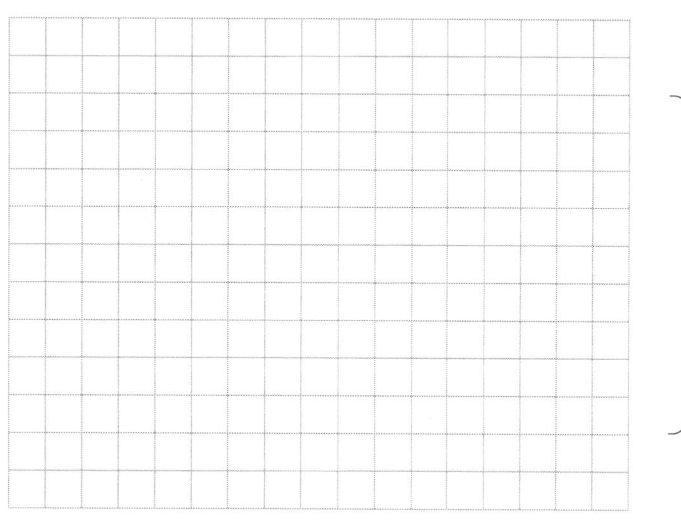

Regel: Ein Quadrat hat 4 rechte Winkel.

Bei einem Quadrat sind alle Seiten gleich lang.

b) Markiere die rechten Winkel im Quadrat mit ⊾.

3. Überprüfe, ob Maurice ein Rechteck oder ein Quadrat zeichnet. Kreuze (→ ankreuzen) die richtige Lösung an.

☐ Rechteck ☐ Quadrat	☐ Rechteck ☐ Quadrat	☐ Rechteck ☐ Quadrat	☐ Rechteck ☐ Quadrat

4. Der Lehrer zeichnet 1 Rechteck und 1 Quadrat an die Tafel.

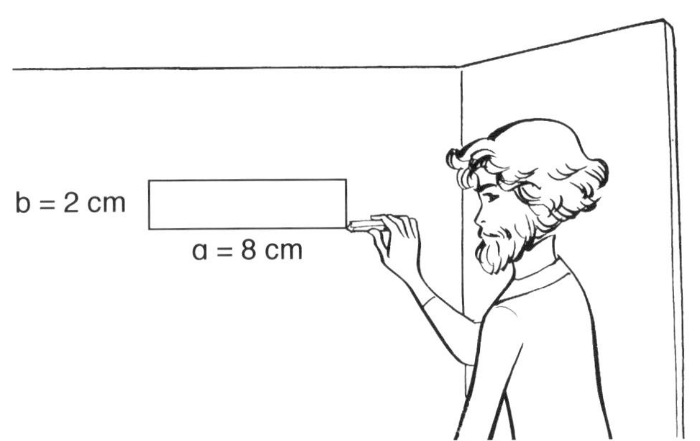

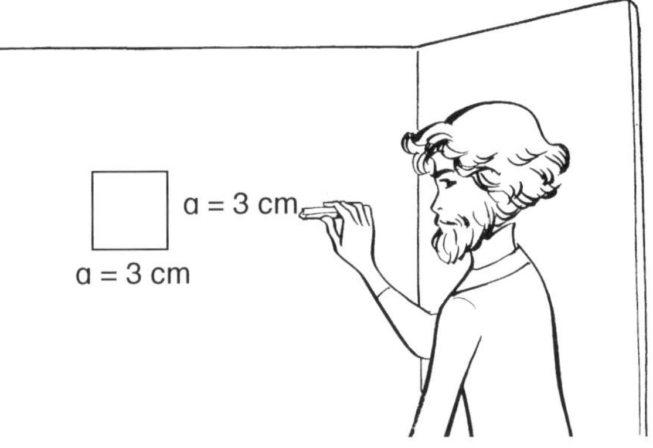

Berechne (→ rechnen) den Umfang **U** und die Fläche **A**. Schreibe in die Lücken.

a) Das Rechteck:

Der Umfang U:

U = (2 · a) + (2 · b)

= (2 · 8 cm) + (________)

= ______ cm + ______

= ______ cm

Die Fläche A:

A = a · b

= ______ cm · ______ cm

= ______ cm^2

b) Das Quadrat:

Der Umfang U:

U = 4 · a

= ________

= ________

Die Fläche A:

A = a · a

= ________

= ________

5. a) Betrachte das Bild. Siehst (→ sehen) du die 2 Quadrate?

b) Verbinde die Punkte der Quadrate mit einem Buntstift.

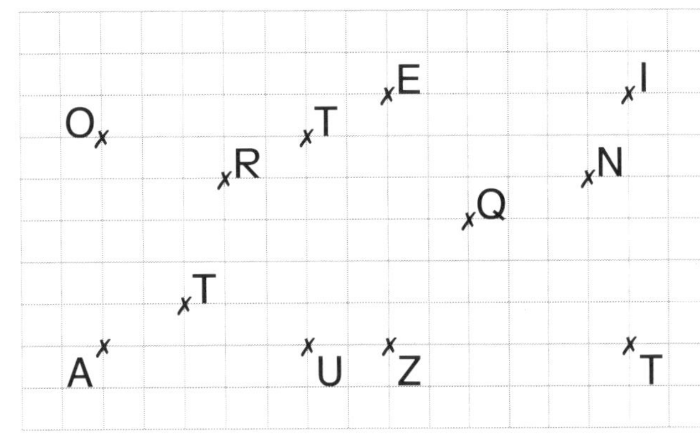

c) Überlege die richtige Reihenfolge der Buchstaben. Schreibe die 2 Wörter in die Kästchen.

Quadrat und Rechteck

1.

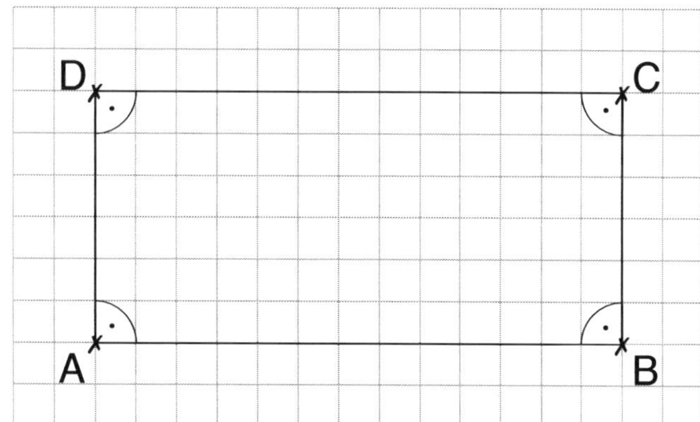

2.

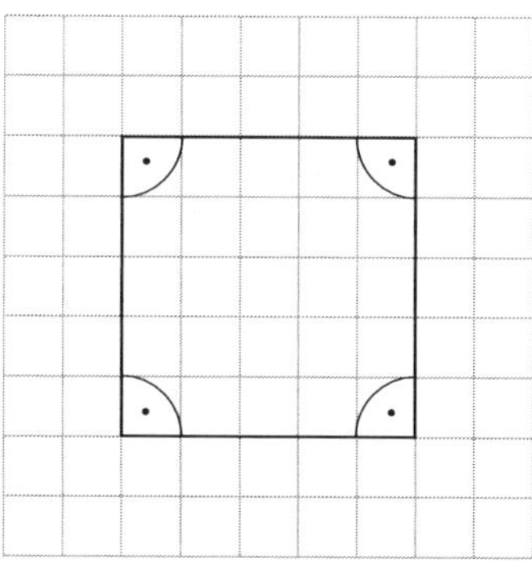

3.

☐ Rechteck ☒ Quadrat	☒ Rechteck ☐ Quadrat	☒ Rechteck ☐ Quadrat	☐ Rechteck ☒ Quadrat

4.

a) Das Rechteck:
Der Umfang U:
U = (2 · a) + (2 · b)
= (2 · 8 cm) + (2 · 2 cm)
= 16 cm + 4 cm
= 20 cm

Die Fläche A:
A = a · b
= 8 cm · 2 cm
= 16 cm^2

b) Das Quadrat:
Der Umfang U:
U = 4 · a
= 4 · 3 cm
= 12 cm

Die Fläche A:
A = a · a
= 3 cm · 3 cm
= 9 cm^2

5.

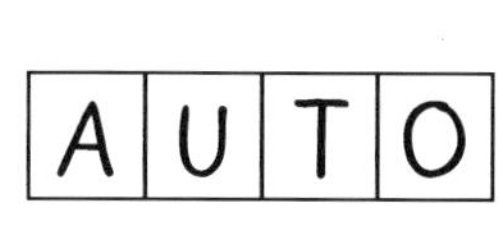

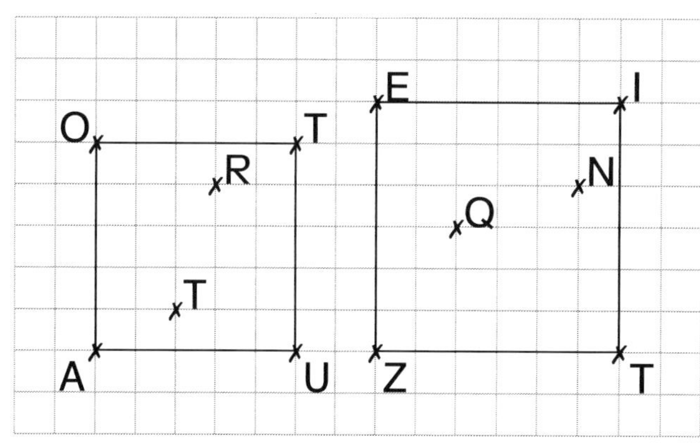

Z	E	I	T

1. a) Trage (→ eintragen) die Punkte in das Koordinatensystem ein:
A (2 I 1); B (6 I 1); C (6 I 4); D (2 I 4)

b) Verbinde die Punkte A, B, C und D mit einem spitzen Bleistift.

c) Markiere die rechten Winkel mit ⊾.

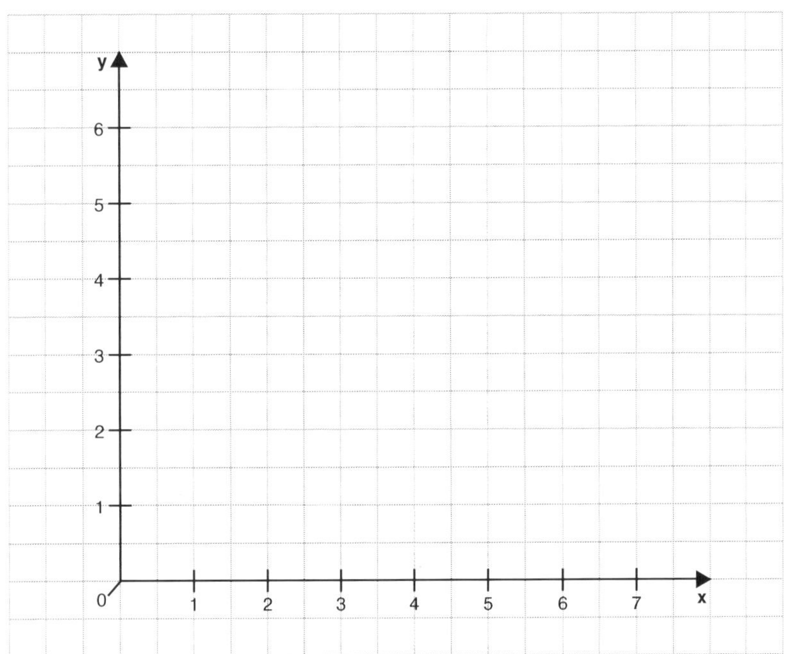

Das ist ein Rechteck.

Regel: Ein Rechteck ist ein rechtwinkliges Viereck.
Ein Viereck hat vier Ecken.
Es hat vier Seiten.
Die Strecken AB und $\overline{CD}$ sind parallel.
Die Strecken $\overline{BC}$ und $\overline{AD}$ sind parallel.

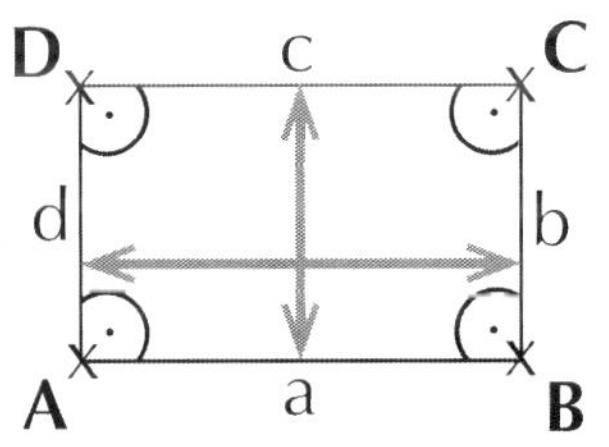

2. Frederic zeichnet ein Quadrat. Schreibe die richtigen Wörter in die Lücken.

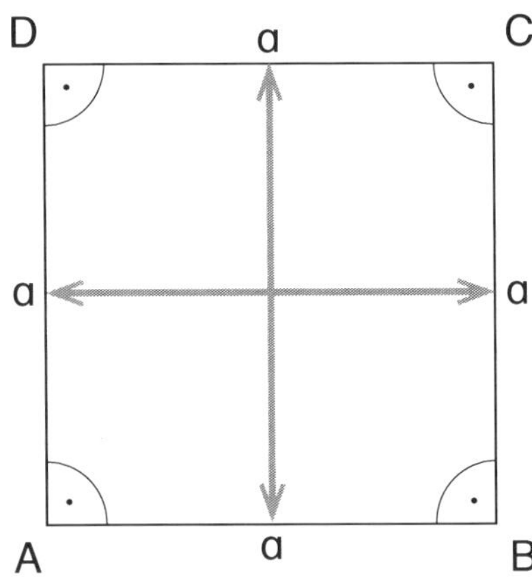

parallel | Länge | vier | rechtwinklig

a) Ein Quadrat hat ________ Seiten.

b) Alle Seiten haben die gleiche ____________.

c) Ein Quadrat ist ________________.

d) Die Strecken $\overline{AB}$ und $\overline{DC}$ sind ____________.

Quadrat und Rechteck 2

3. Überprüfe, ob die Strecken parallel sind. Kreuze (→ ankreuzen) die richtige Lösung an.

☐ parallel ☐ nicht parallel	☐ parallel ☐ nicht parallel	☐ parallel ☐ nicht parallel

4. Nadja ermittelt den Umfang **U** und die Fläche **A** eines Rechtecks und eines Quadrats.

a = 6,5 cm
b = 9 cm

Der Umfang U:

U = 2 · a + 2 · b

= ______ + ______

= ______ + ______

= ______

Die Fläche A:

A = a · b

= ______ · ______

= ______ c m²

a = 2,5 cm

Der Umfang U:

U = 4 · a

= ______

= ______

Die Fläche A:

A = a · a

= ______

= ______

5. Havva zeichnet zwei Punkte A und D eines Rechtecks ABCD in ein Koordinatensystem. Die Länge der Seite AB ist 4 cm. Zeichne das Rechteck mit einem spitzen Bleistift.

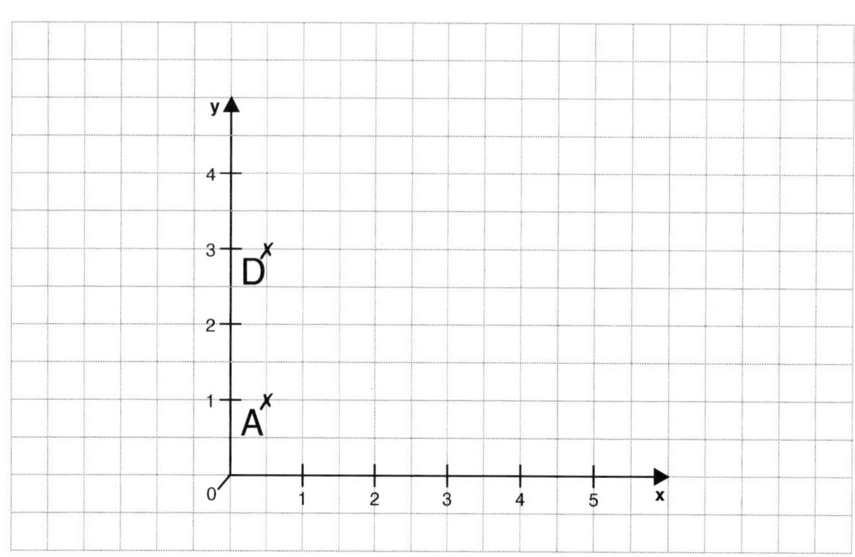

Quadrat und Rechteck

1.

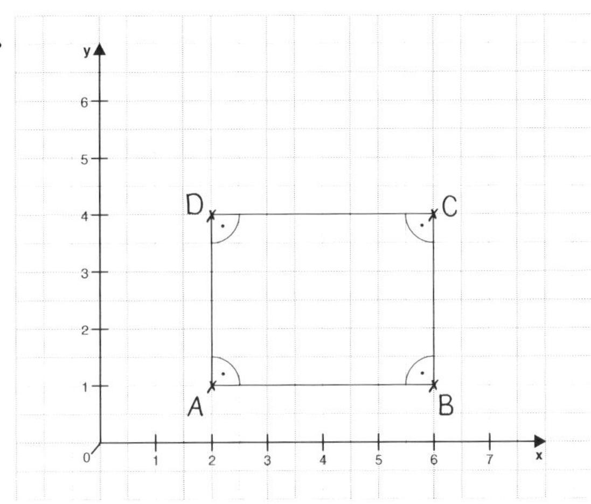

2. a) Ein Quadrat hat vier Seiten.

b) Alle Seiten haben die gleiche Länge.

c) Ein Quadrat ist rechtwinklig.

d) Die Strecken $\overline{AB}$ und $\overline{DC}$ sind parallel.

3.

☐ parallel ☒ nicht parallel	☒ parallel ☐ nicht parallel	☐ parallel ☒ nicht parallel

4.

Der Umfang U:
U = 2 · a + 2 · b
= 2 · 6,5 cm + 2 · 9 cm
= 13 cm + 18 cm
= 31 cm

Die Fläche A:
A = a · b
= 6,5 cm · 9 cm
= 58,5 cm²

Der Umfang U:
U = 4 · a
= 4 · 2,5 cm
= 10 cm

Die Fläche A:
A = a · a
= 2,5 cm · 2,5 cm
= 6,25 cm²

5.

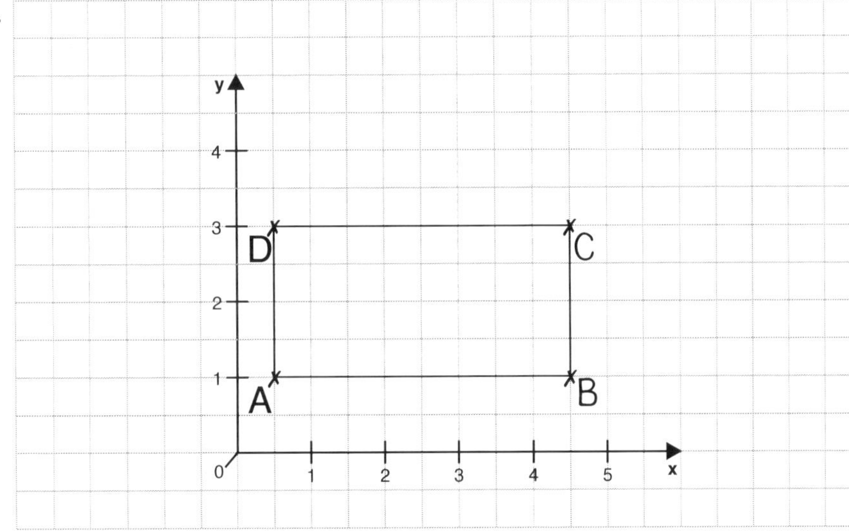

Zylinder und Kugel

Zylinder und Kugel		
		der Durchmesser die Durchmesser *the diameter*

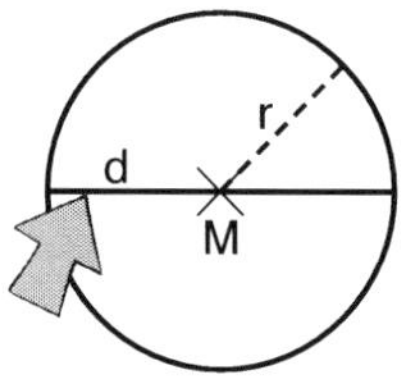

d r M

Zylinder und Kugel		
		der Kreis die Kreise *the circle*

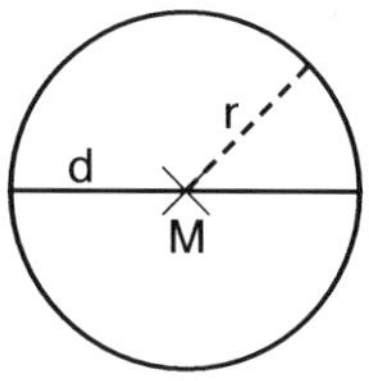

d r M

Zylinder und Kugel		
		die Kreiszahl die Kreiszahlen *pi*

π

Zylinder und Kugel		
		die Mantelfläche die Mantelflächen *the lateral surface area*

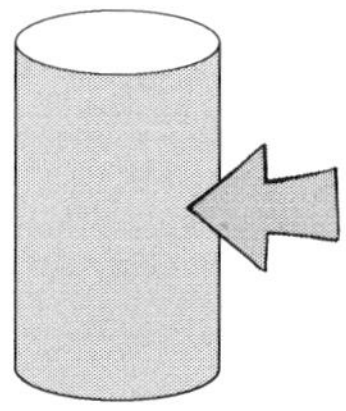

Mantelfläche M

Zylinder und Kugel		
		die Oberfläche die Oberflächen *the surface area*

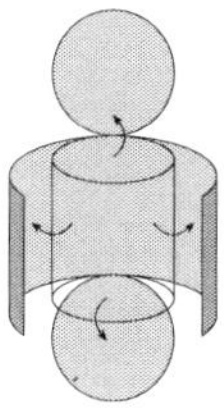

$A = 2 \cdot G + M$

Zylinder und Kugel		
		der Zylinder die Zylinder *the cylinder*

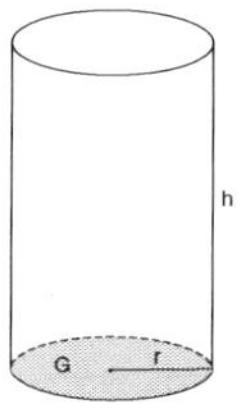

h G r

Zylinder und Kugel

Regel: Der Zylinder

- das Volumen: $V = G \cdot h = \pi \cdot r^2 \cdot h$
- die Oberfläche: $A = 2 \cdot G + M = 2 \cdot \pi \cdot r^2 + 2 \cdot \pi \cdot r \cdot h$

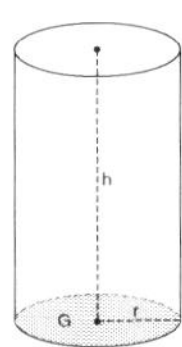

1. Gregor kauft sich Chips.

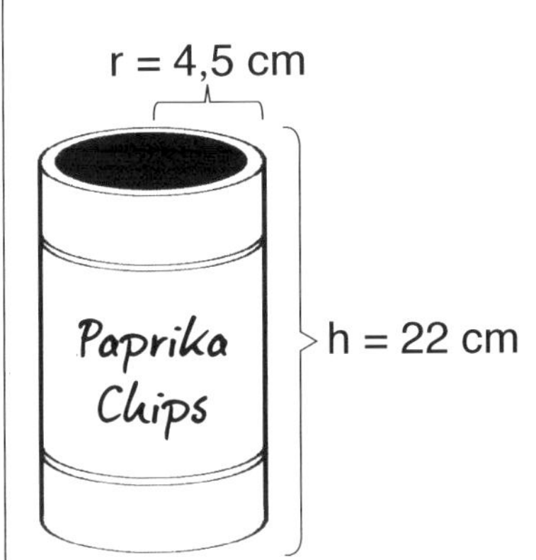

a) Berechne (→ rechnen) das Volumen des Zylinders.	**b)** Ermittle die Oberfläche des Zylinders.
V =	A =
V =	A =
V ≈ cm²	A ≈

2. Miss (→ messen) die Längen im Schrägbild und schreibe in die Lücken.

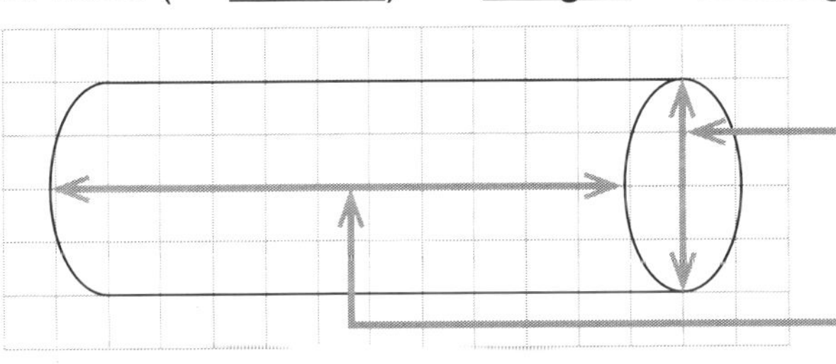

d = ________ → $r = \frac{1}{2}$ d = ________

h = ________

Regel: Die Kugel

- das Volumen: $V = \frac{4}{3} \pi \cdot r^3$
- die Oberfläche: $A = 4 \cdot \pi \cdot r^2$

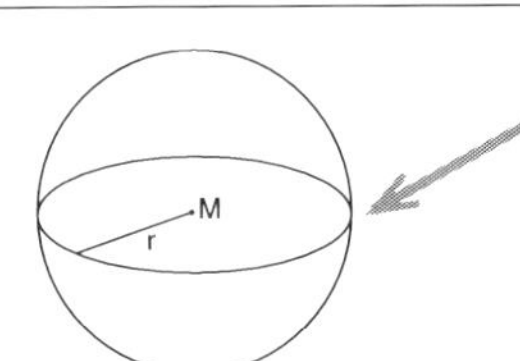

Beim Taschenrechner:

Taste → x^3

Taste → π

3. Niko spielt Fußball. Der Ball hat einen Durchmesser von 19 cm.

a) Berechne (→ rechnen) das Volumen des Fußballs.

V = ________

b) Ermittle die Oberfläche des Fußballs.

A = ________

4. Überprüfe mit dem Taschenrechner und verbinde die richtigen Lösungen.

r = 1,7 cm	r = 2,5 cm	r = 1,5 cm
V ≈ 14,14 cm³	A = 78,54 cm²	V ≈ 20,58 cm³

Zylinder und Kugel

1. Tippe die Tasten [π] und [=] bei deinem Taschenrechner und schreibe die Zahlen in die Lücken: _ , _ _ _ _ _ _ _ _ _ _

Regel: Der Zylinder

- das Volumen: $V = G \cdot h = \pi \cdot r^2 \cdot h$
- die Oberfläche: $A = 2 \cdot G + M = 2 \cdot \pi \cdot r^2 + 2 \cdot \pi \cdot r \cdot h$

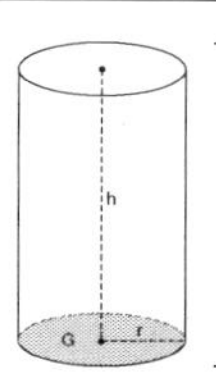

Regel: Die Kugel

- das Volumen: $V = \frac{4}{3} \cdot \pi \cdot r^3$
- die Oberfläche: $A = 4 \cdot \pi \cdot r^2$

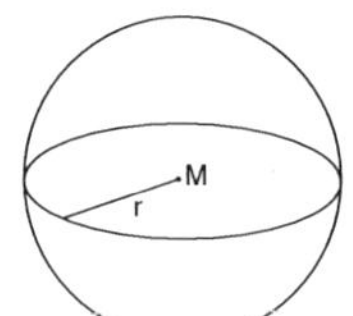

der Durchmesser:
$2 \cdot r = d$

2. Rechne mit den Regeln.

a) $r = 0{,}55$ dm, $h = 2{,}3$ dm	**b)** $d = 39$ mm, $\rightarrow r =$
V =	V =
A =	A =

3. Ermittle die gesuchten (→ suchen) Größen.

	a) Oberfläche der Kugel:	**b)** Zylinder:
gegeben:	$A = 113\ cm^2$	• Volumen: $V = 494{,}8\ dm^3$ • Höhe: $h = 6{,}3$ dm
Rechnung:	$A = 4 \cdot \pi \cdot r^2$	
gesucht:	$r \approx$ ____ cm	$r \approx$ ____ dm

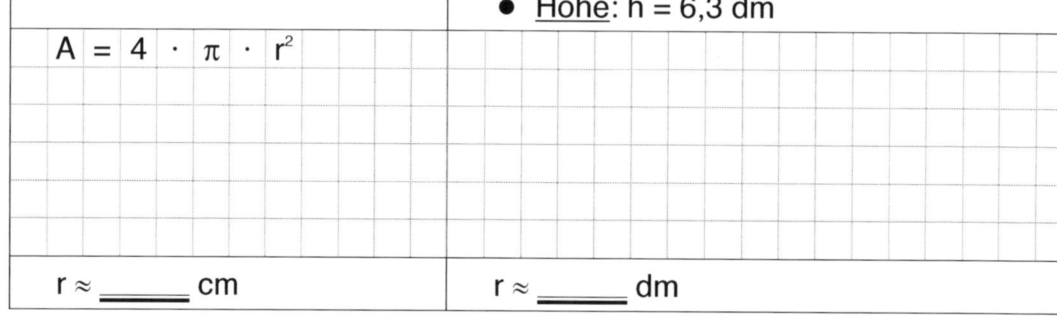

4. Überprüfe und kreuze (→ ankreuzen) die richtige Lösung an.

Du hast das Volumen einer Kugel mit dem Radius r = 3 cm und …	Du hast das Volumen eines Zylinders mit einer Höhe von 3 cm und einem Radius von 3 cm.

- ☐ Das Volumen der Kugel ist größer als (>) das Volumen des Zylinders.
- ☐ Das Volumen ist gleich (=) groß.

Zylinder und Kugel

1.

	a) $V = \pi \cdot r^2 \cdot h$ $V = \pi \cdot (4{,}5\ cm)^2 \cdot 22\ cm$ $V \approx 1399{,}58\ cm^3$	b) $A = 2 \cdot \pi \cdot r^2 + 2 \cdot \pi \cdot r \cdot h$ $A = 2 \cdot \pi \cdot (4{,}5\ cm)^2 + 2 \cdot \pi \cdot 4{,}5\ cm \cdot 22\ cm$ $A \approx 749{,}27\ cm^2$

2. $d = \underline{2\ cm} \rightarrow r = \frac{1}{2} d = \underline{1\ cm}$ $h = \underline{5{,}5\ cm}$

3. a) $V = \frac{4}{3} \cdot \pi \cdot r^3 = \frac{4}{3} \cdot \pi \cdot (9{,}5\ cm)^3 \approx 3591{,}36\ cm^3$

   b) $A = 4 \cdot \pi \cdot r^2 = 4 \cdot \pi \cdot (9{,}5\ cm)^2 \approx 1134{,}11\ cm^2$

4.

r = 1,7 cm	r = 2,5 cm	r = 1,5 cm
$V \approx 14{,}14\ cm^3$	$A = 78{,}54\ cm^2$	$V \approx 20{,}58\ cm^3$

1. $\pi \approx 3{,}141592654$

2.

a) r = 0,55 dm, h = 2,3 dm	b) d = 39 mm → r = 19,5 mm 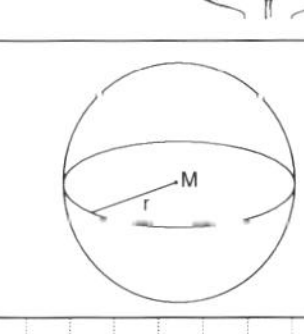
$V = \pi \cdot r^2 \cdot h$ $V = \pi \cdot (0{,}55\ dm)^2 \cdot 2{,}3\ dm$ $V \approx 2{,}19\ dm^3$	$V = \frac{4}{3} \cdot \pi \cdot r^3$ $V = \frac{4}{3} \cdot \pi \cdot (19{,}5\ mm)^3$ $V \approx 31059{,}36\ mm^3$
$A = 2 \cdot \pi \cdot r^2 + 2 \cdot \pi \cdot r \cdot h$ $A = 2 \cdot \pi \cdot (0{,}55\ dm)^2 + 2 \cdot \pi \cdot 0{,}55\ dm \cdot 2{,}3\ dm$ $A \approx 9{,}85\ dm^2$	$A = 4 \cdot \pi \cdot r^2$ $A = 4 \cdot \pi \cdot (19{,}5\ mm)^2$ $A \approx 4778{,}36\ mm^2$

3.

a)	b)
$A = 4 \cdot \pi \cdot r^2$ $113\ cm^2 = 4 \cdot \pi \cdot r^2$ | :4 $28{,}25\ cm^2 = \pi \cdot r^2$ | :π $9\ cm^2 \approx r^2$ | √ $3\ cm \approx r$	$V = \pi \cdot r^2 \cdot h$ $494{,}8\ dm^3 = \pi \cdot r^2 \cdot 6{,}3\ dm$ | :6,3 dm $78{,}54\ dm^2 \approx \pi \cdot r^2$ | :π $25\ dm^2 \approx r^2$ | √ $5\ dm \approx r$
$r \approx \underline{3}\ cm$	$r \approx \underline{5}\ dm$

4. ☒ Das Volumen der Kugel ist größer als (>) das Volumen des Zylinders.

Pyramide und Kegel

Pyramide und Kegel

		der Grundkreisradius die Grundkreisradien *the base circle radius*

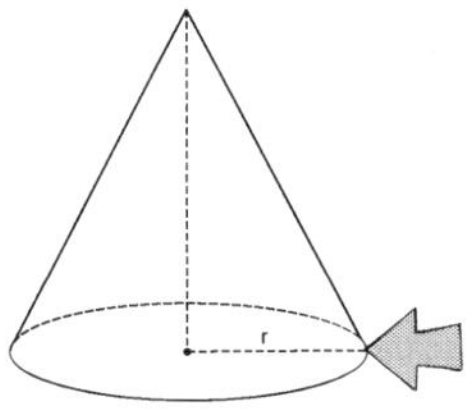

Pyramide und Kegel

		der Kegel die Kegel *the cone*

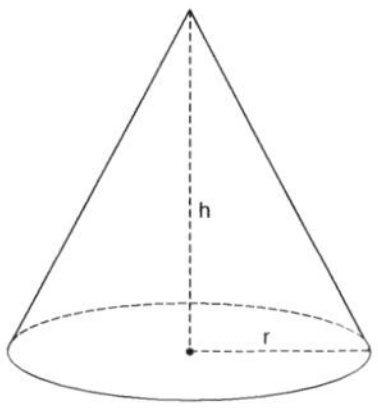

Pyramide und Kegel

		die Mantelfläche die Mantelflächen *the lateral surface area*

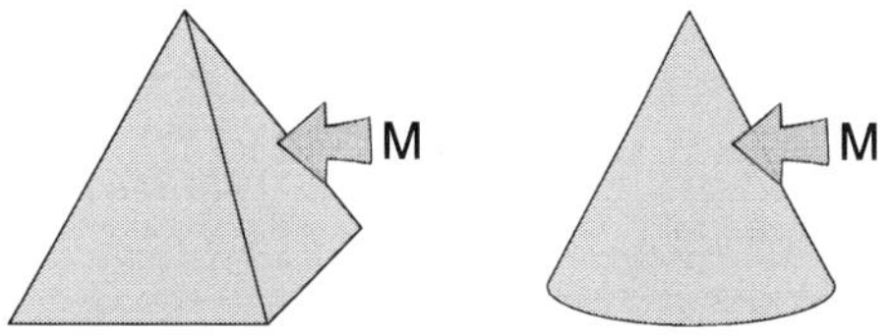

M

M

Pyramide und Kegel

		die Oberfläche die Oberflächen *the surface*

$$O = G + M$$

Pyramide und Kegel

		die Pyramide die Pyramiden *the pyramid*

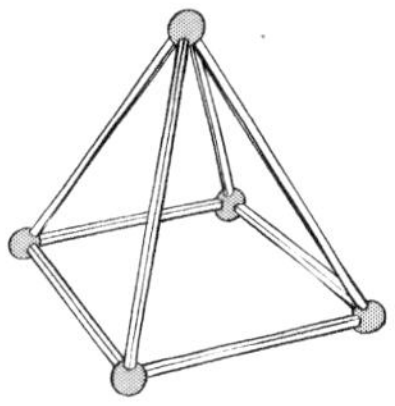

Pyramide und Kegel

1. Zeichne die Schrägbilder von quadratischen Pyramiden mit einem spitzen Bleistift.

a) a = 2 cm
h = 3 cm

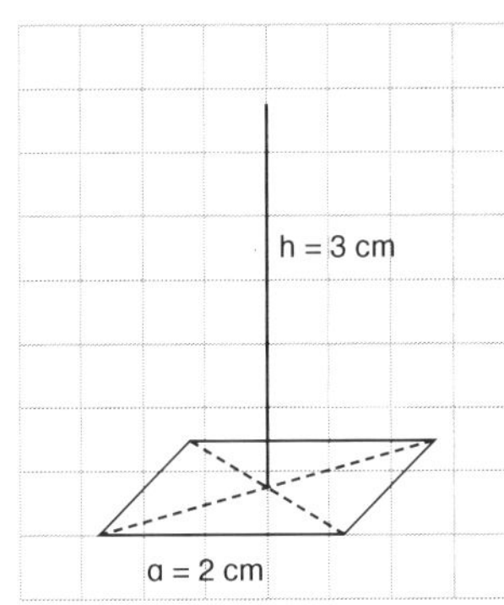

b) a = 4 cm
h = 2 cm

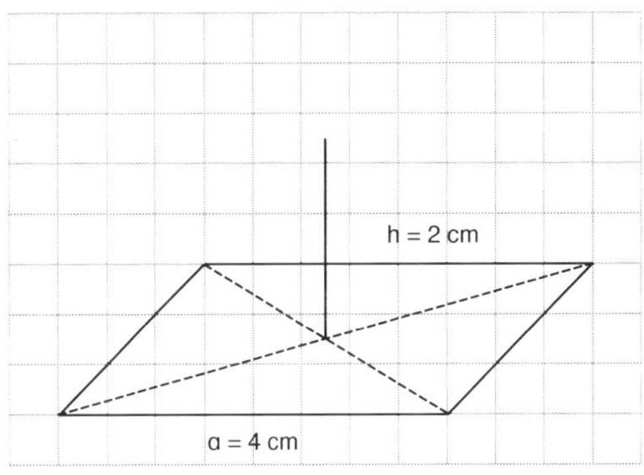

2. Berechne (→ rechnen) das Volumen der quadratischen Pyramiden.

a) Diese Pyramide in Ägypten ist 60 Meter hoch.

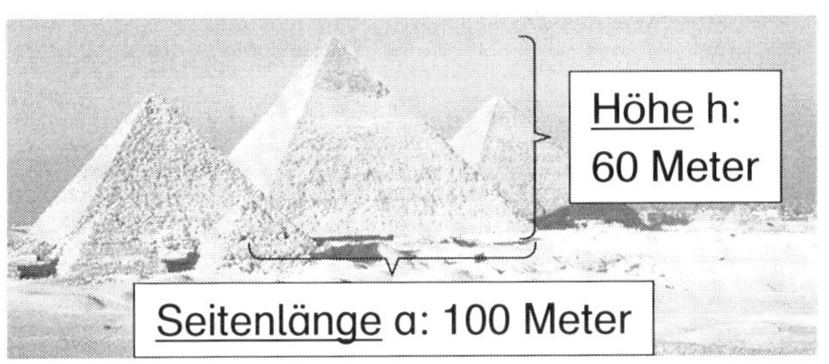

$V = \frac{1}{3} \cdot a^2 \cdot h$

$V = \frac{1}{3} \cdot (100\ m)^2 \cdot 60\ m$

V = ________ m^3

Lösung: Das Volumen der Pyramide beträgt ______________________ m^3.

b) a = 17 cm; h = 8,5 cm

c) a = 36,2 mm; h = 14 mm

Regel: Der Kegel

- das Volumen: $V = \frac{1}{3} \cdot G \cdot h = \frac{1}{3} \cdot \pi \cdot r^2 \cdot h$

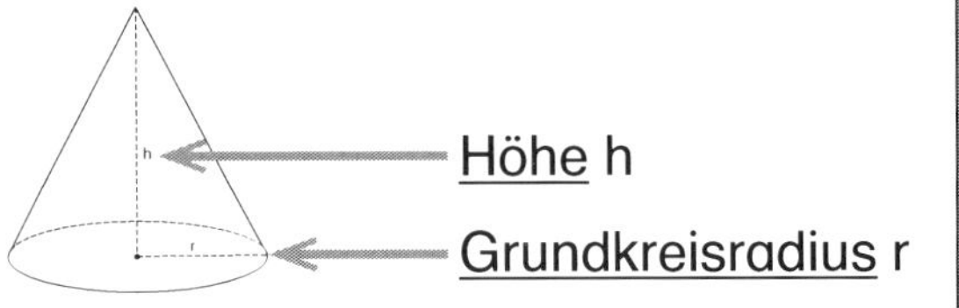

3. Berechne (→ rechnen) das Volumen mit dem Taschenrechner. Rechne b) im Heft.

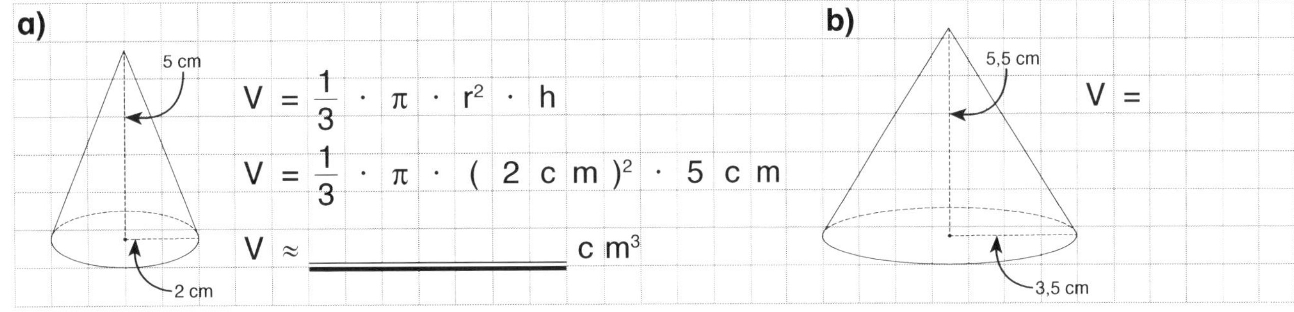

1. Zeichne die Schrägbilder einer quadratischen Pyramide und eines Kegels mit einem spitzen Bleistift.

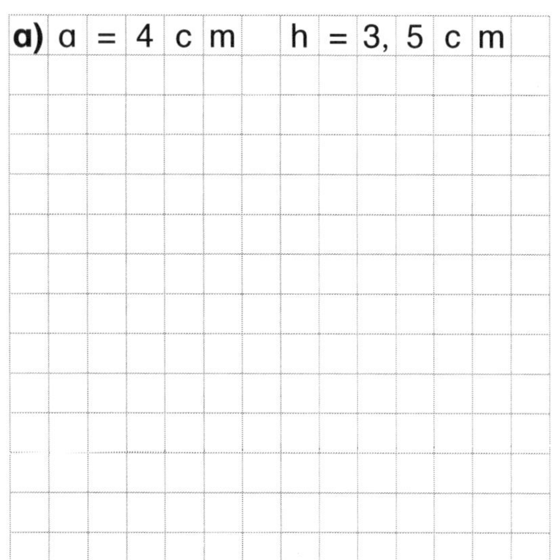

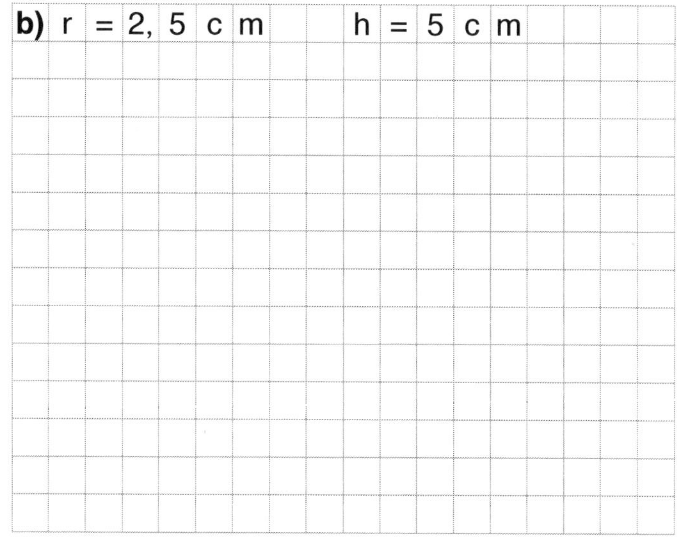

Regel: Die quadratische Pyramide

- das Volumen: $V = \frac{1}{3} \cdot G \cdot h = \frac{1}{3} \cdot a^2 \cdot h$
- die Oberfläche: $A = a^2 + 2 \cdot a \cdot h_a$

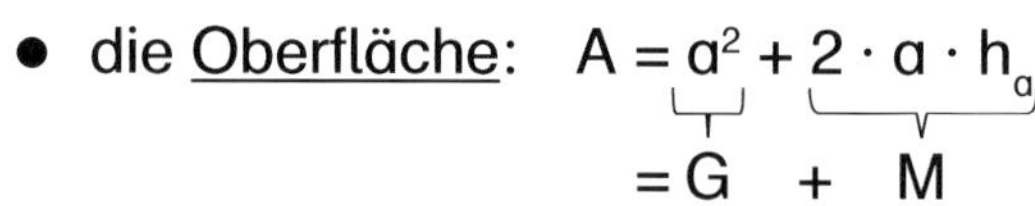

$= G + M$

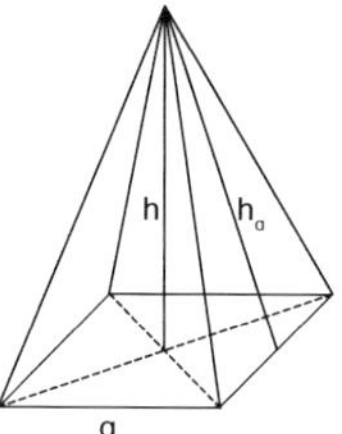

Regel: Der Kegel

- das Volumen: $V = \frac{1}{3} \cdot G \cdot h = \frac{1}{3} \cdot \pi \cdot r^2 \cdot h$
- die Oberfläche: $A = \pi \cdot r^2 + \pi \cdot r \cdot s$

$= G + M$

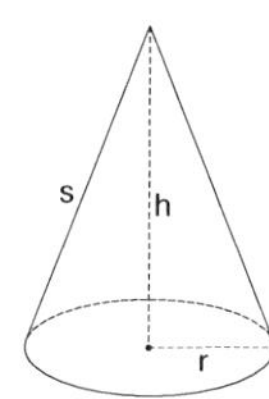

2. a) Berechne (→ rechnen) das Volumen und die Oberfläche der quadratischen Pyramide.

a = 1,6 dm
h = 2,7 dm
h_a = 2,8 dm

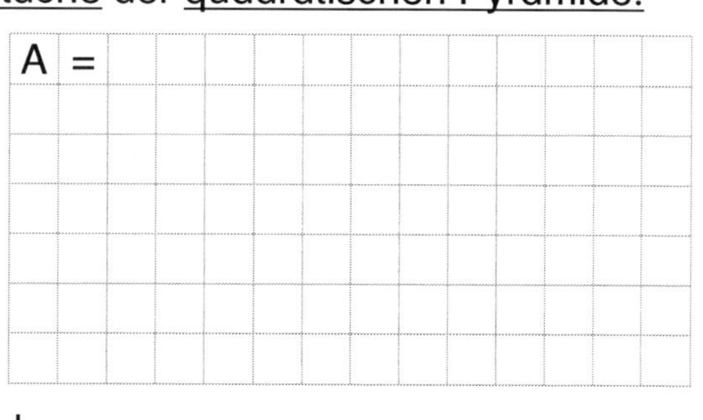

b) Ermittle das Volumen und die Oberfläche des Kegels.

r = 32 mm
h = 54 mm
s = 63 mm

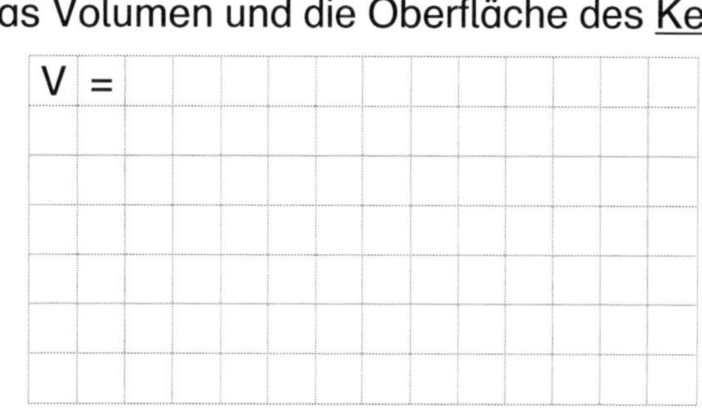

1. a)

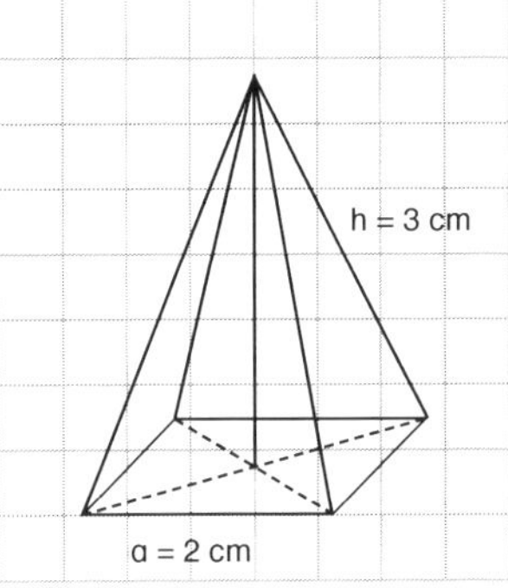

b)

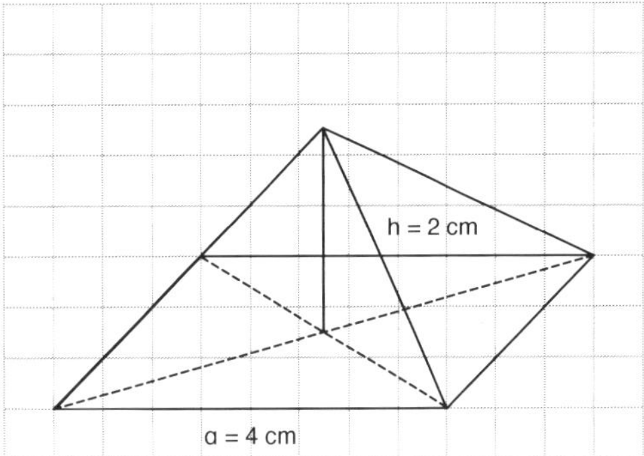

2. a) Lösung: Das Volumen der Pyramide beträgt 200 000 m³.

b)

$V = \frac{1}{3} \cdot a^2 \cdot h$

$V = \frac{1}{3} \cdot (17\,cm)^2 \cdot 8{,}5\,cm$

$V \approx 818{,}83\,cm^3$

c)

$V = \frac{1}{3} \cdot a^2 \cdot h$

$V = \frac{1}{3} \cdot (36{,}2\,mm)^2 \cdot 14\,mm$

$V \approx 6115{,}39\,mm^3$

3. a)

$V = \frac{1}{3} \cdot \pi \cdot r^2 \cdot h$

$V = \frac{1}{3} \cdot \pi \cdot (2\,cm)^2 \cdot 5\,cm$

$V \approx 20{,}94\,cm^3$

b)

$V = \frac{1}{3} \cdot \pi \cdot r^2 \cdot h$

$V = \frac{1}{3} \cdot \pi \cdot (3{,}5\,cm)^2 \cdot 5{,}5\,cm$

$V \approx 70{,}55\,cm^3$

---

1. a)

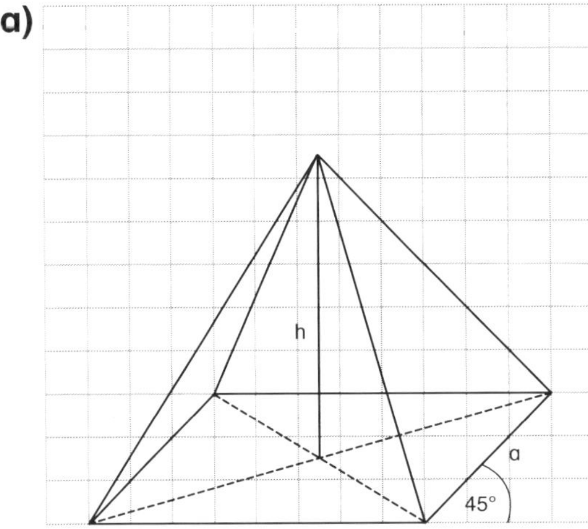

b)

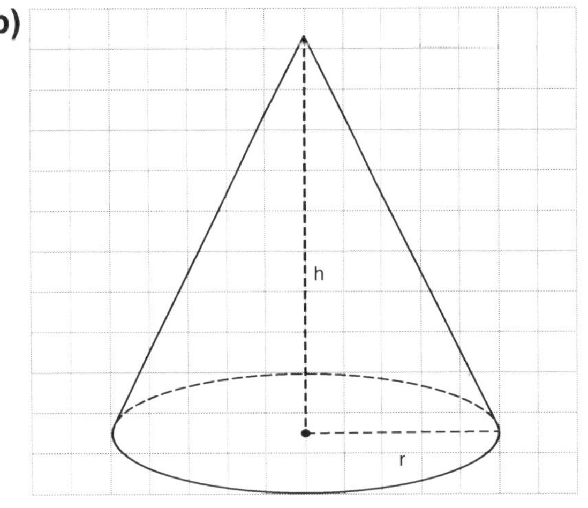

2. a)

$V = \frac{1}{3} \cdot a^2 \cdot h$

$V = \frac{1}{3} \cdot (1{,}6\,dm)^2 \cdot 2{,}7\,dm$

$V \approx 2{,}3\,dm^3$

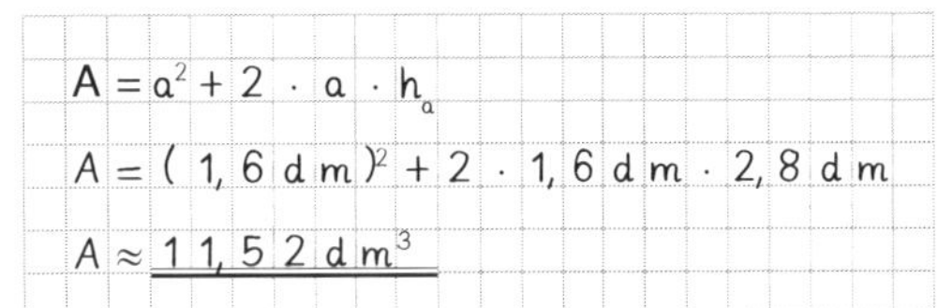

$A = a^2 + 2 \cdot a \cdot h_a$

$A = (1{,}6\,dm)^2 + 2 \cdot 1{,}6\,dm \cdot 2{,}8\,dm$

$A \approx 11{,}52\,dm^3$

b)

$V = \frac{1}{3} \cdot \pi \cdot r^2 \cdot h$

$V = \frac{1}{3} \cdot \pi \cdot (32\,mm)^2 \cdot 54\,mm$

$V \approx 57\,905{,}84\,mm^3$

$A = \pi \cdot r^2 + \pi \cdot r \cdot s$

$A = \pi \cdot (32\,mm)^2 + \pi \cdot 32\,mm \cdot 63\,mm$

$A \approx 9550{,}44\,mm^3$

Das Dreieck

Das Dreieck		
		die Grundseite die Grundseiten *the base*

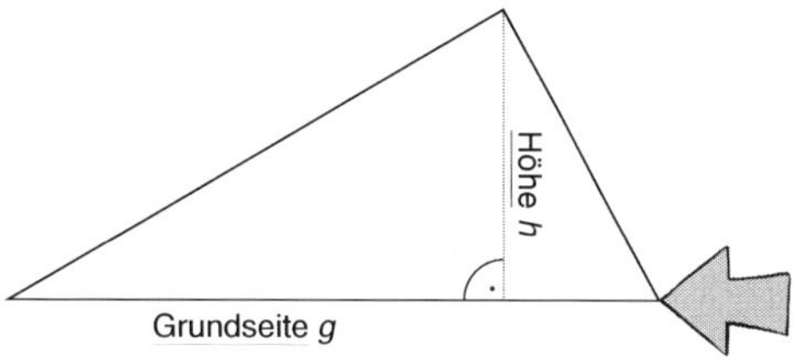

Höhe h

Grundseite g

Das Dreieck		
		die Winkelsumme die Winkelsummen *the angle sum*

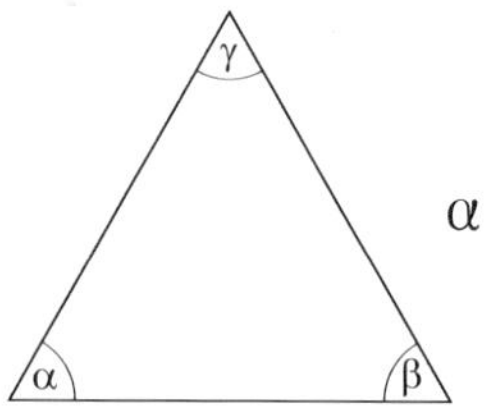

$\alpha + \beta + \gamma = 180°$

Das Dreieck 1

1. Die Lehrerin zeichnet 1 Dreieck an die Tafel.

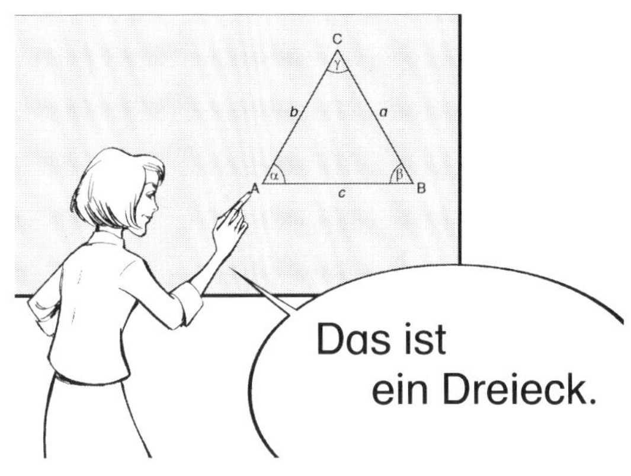

a) Konstruiere das Dreieck ABC in das Koordinatensystem mit einem spitzen Bleistift und einem Geodreieck.

b) Beschrifte das Dreieck mit: a, b, c, α, β, γ

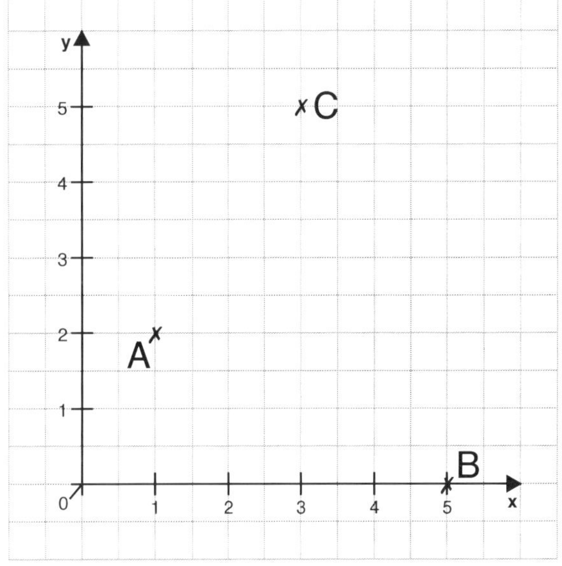

2. a) Miss (→ messen) die Winkel und schreibe in die Kästchen.

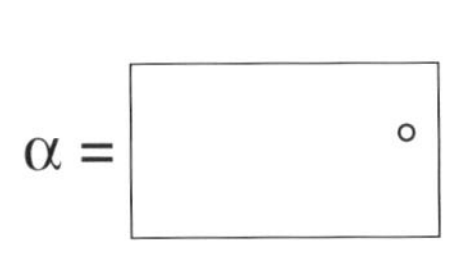

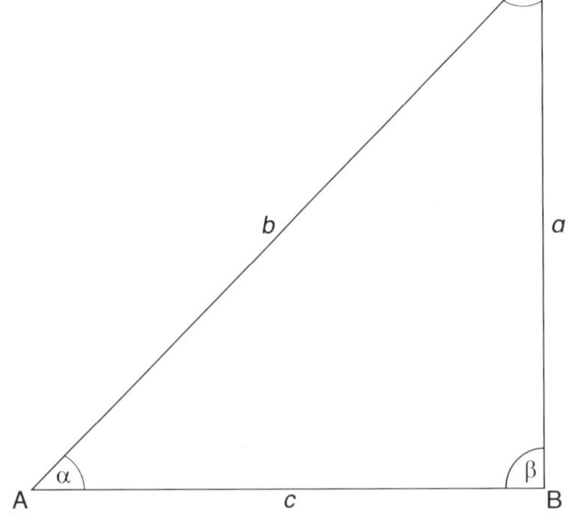

γ = °

β = °

b) Addiere die 3 Winkel und ermittle die Winkelsumme.

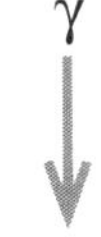

________° + ________° + ________° = ________° (Grad) ← Winkelsumme

Das Dreieck 2

3. Überprüfe mit dem Geodreieck, ob es 1 Dreieck mit einem rechten Winkel ist.
Kreuze (→ ankreuzen) die richtige Lösung an.

☐ Dreieck mit einem rechten Winkel ☐ Dreieck ohne einen rechten Winkel	☐ Dreieck mit einem rechten Winkel ☐ Dreieck ohne einen rechten Winkel	☐ Dreieck mit einem rechten Winkel ☐ Dreieck ohne einen rechten Winkel

4. Ilayda berechnet (→ rechnen) den Umfang und die Fläche des Dreiecks.
Hilf (→ helfen) ihr und schreibe in die Lücken.

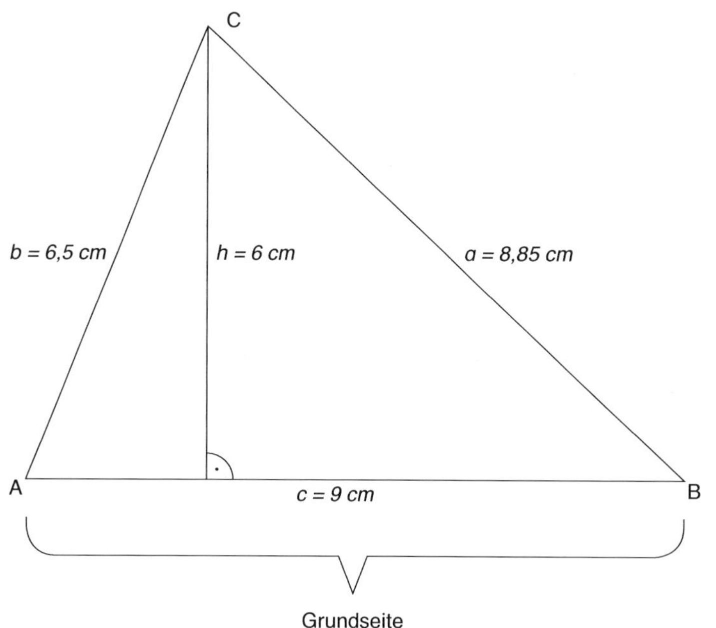

Der Umfang:

U = a + b + c

= ______ cm + ______ cm + ______ cm

= ______ cm

Die Fläche:

A = (Grundseite · Höhe h) : 2

= (______ cm · ______ cm) : 2

= (______ cm^2) : 2

= ______ cm^2

1.

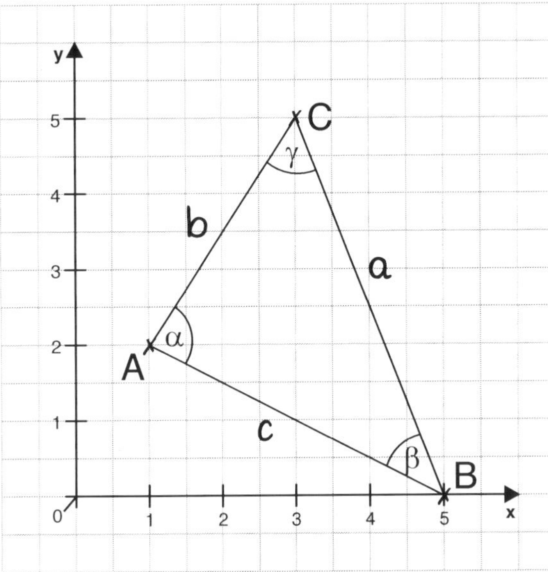

2. a)

$\alpha =$ 45°

$\gamma =$ 45°

$\beta =$ 90°

C
A
B
a
b
c

b) 45° + 90° + 45° = 180° (Grad)

3.

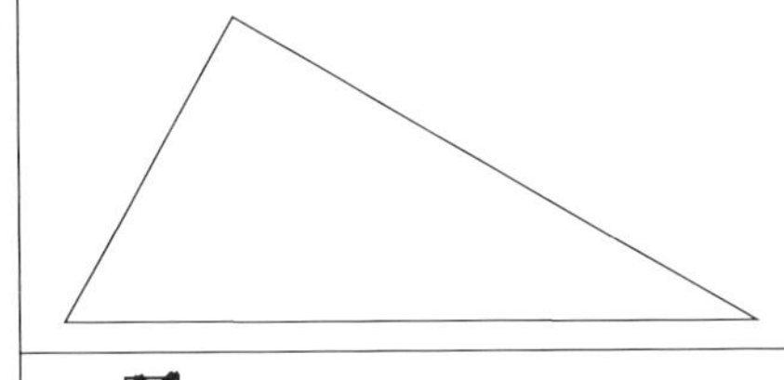	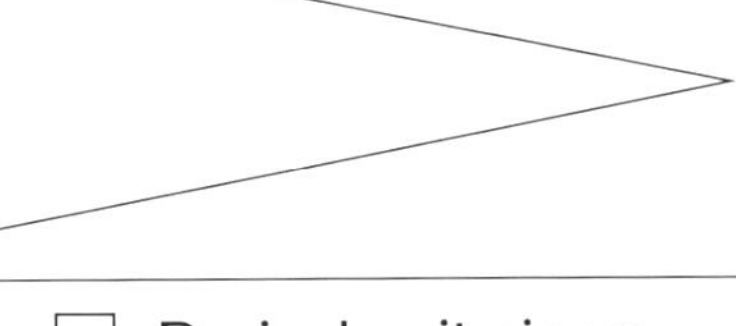	
☒ Dreieck mit einem rechten Winkel ☐ Dreieck ohne einen rechten Winkel	☐ Dreieck mit einem rechten Winkel ☒ Dreieck ohne einen rechten Winkel	☒ Dreieck mit einem rechten Winkel ☐ Dreieck ohne einen rechten Winkel

4.

Der Umfang:

U = a + b + c

= 8,85 cm + 6,5 cm + 9 cm

= 24,35 cm

Die Fläche:

A = (Grundseite · Höhe h) : 2

= (9 cm · 6 cm) : 2

= (54 cm²) : 2

= 27 cm²

Das Dreieck 1

1. Die Lehrerin zeichnet ein Dreieck an die Tafel.

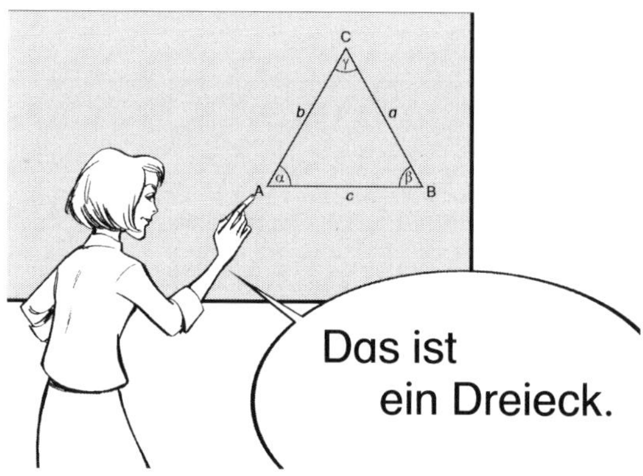

a) Zeichne mit einem spitzen Bleistift die Punkte A, B und C in das Koordinatensystem ein.
A (–2 I –1,5); B (3 I 0); C (–0,5 I 4)

b) Konstruiere mit dem Bleistift das Dreieck ABC und beschrifte das Dreieck mit: a, b, c, α, β, γ

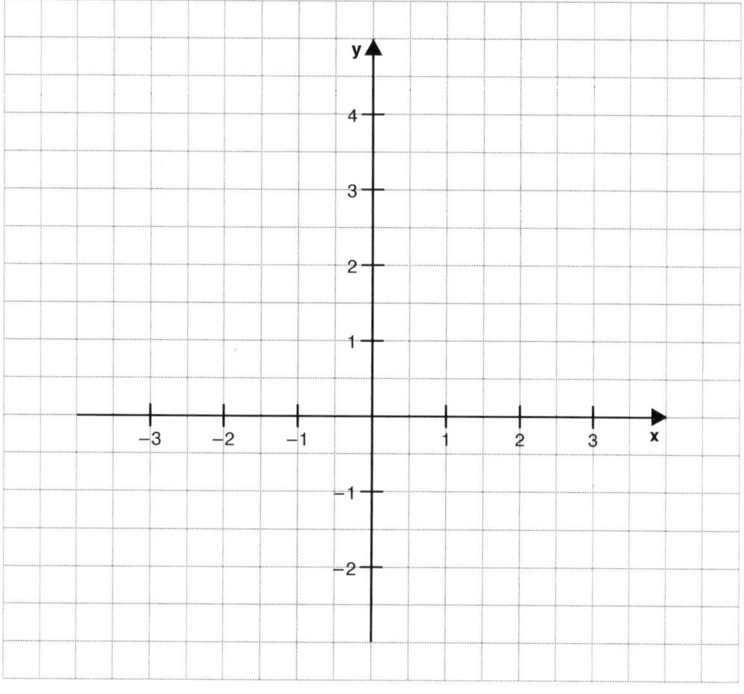

2. a) Miss (→ messen) die Winkel und schreibe in die Lücken.

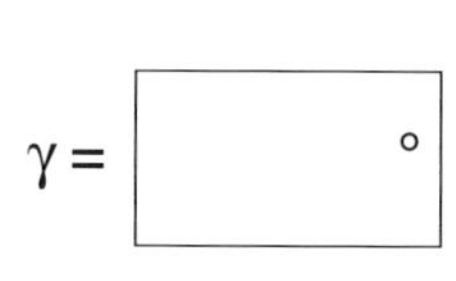

γ = °

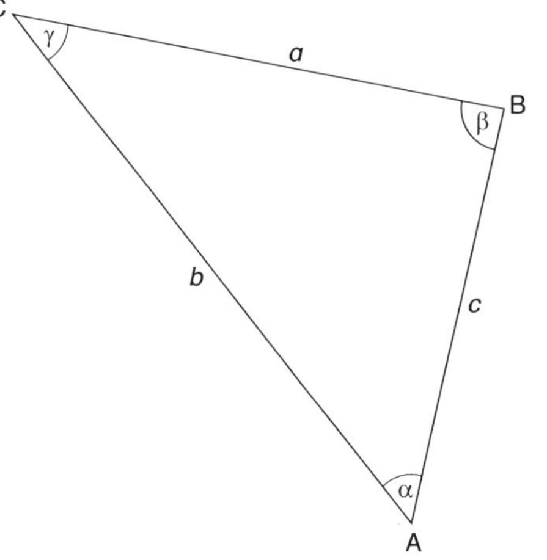

β = °

α = °

b) Addiere die drei Winkel und ermittle die Winkelsumme.

Winkelsumme: $\alpha + \beta + \gamma$ = ________ + ________ + ________ = ________ ° (Grad)

Das Dreieck 2

Regel: Die drei Winkel in einem Dreieck sind zusammen 180° (Grad) groß.

3. Berechne (→ rechnen) den fehlenden Winkel und schreibe in die Kästchen.

	Nikos Dreieck	Sarahs Dreieck	Lauras Dreieck	Hamzas Dreieck
α	110°		65°	
β	25°	90°		129°
γ		36°	49°	39°

Regel: Die Hypotenuse gibt es nur im Dreieck mit einem rechten Winkel. Es ist die längste (→ lang) Seite des Dreiecks.

4. Kreuze (→ ankreuzen) die richtige Lösung an.

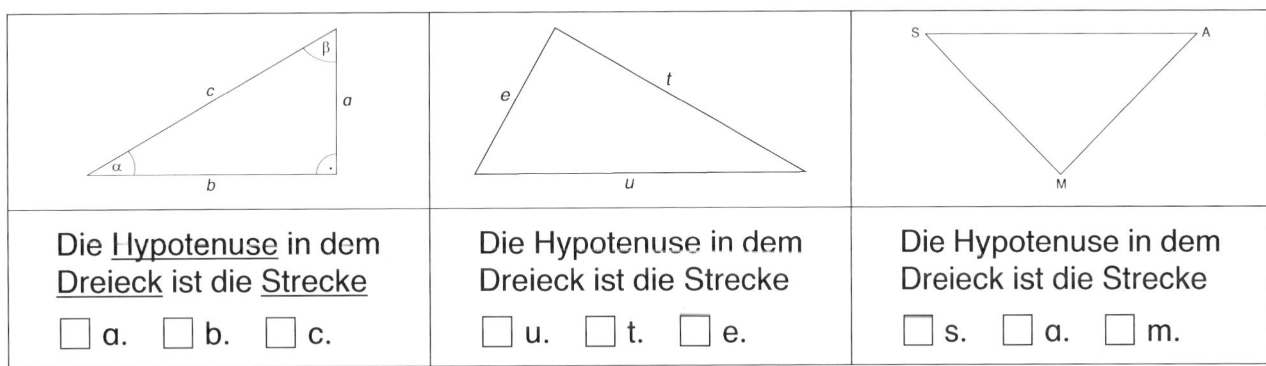

Die Hypotenuse in dem Dreieck ist die Strecke	Die Hypotenuse in dem Dreieck ist die Strecke	Die Hypotenuse in dem Dreieck ist die Strecke
☐ a. ☐ b. ☐ c.	☐ u. ☐ t. ☐ e.	☐ s. ☐ a. ☐ m.

5. Ilayda berechnet (→ rechnen) den Umfang und die Fläche des Dreiecks. Hilf (→ helfen) ihr und schreibe in die Lücken.

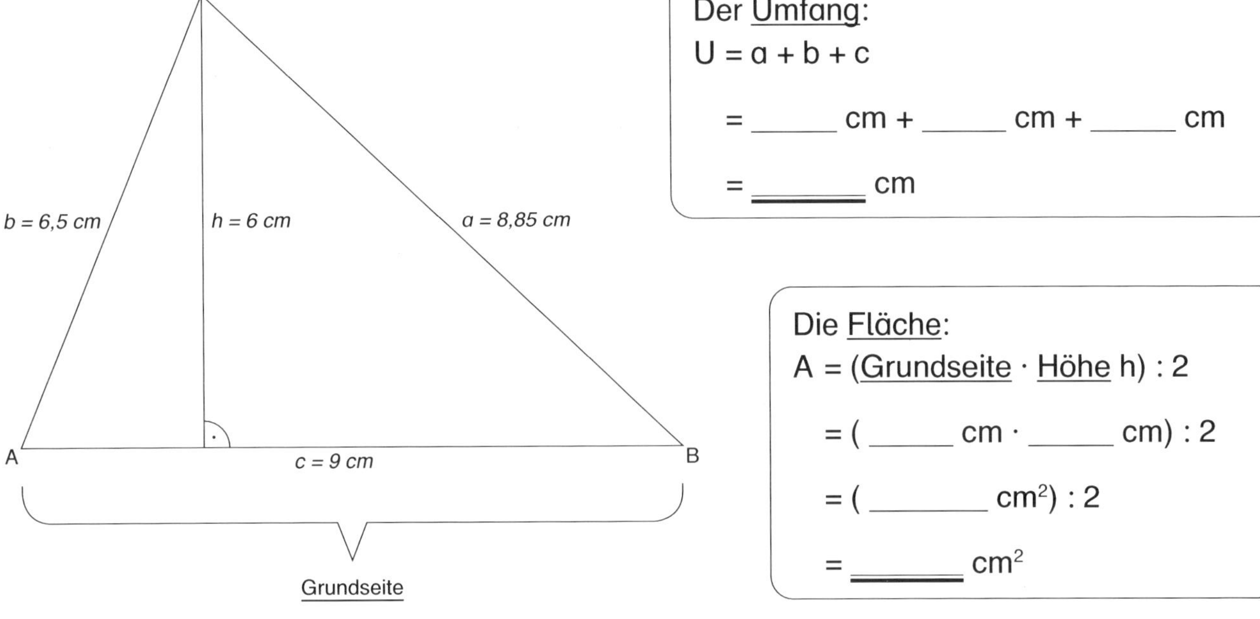

Der Umfang:
U = a + b + c
= ______ cm + ______ cm + ______ cm
= ______ cm

Die Fläche:
A = (Grundseite · Höhe h) : 2
= (______ cm · ______ cm) : 2
= (______ cm^2) : 2
= ______ cm^2

Das Dreieck

1.

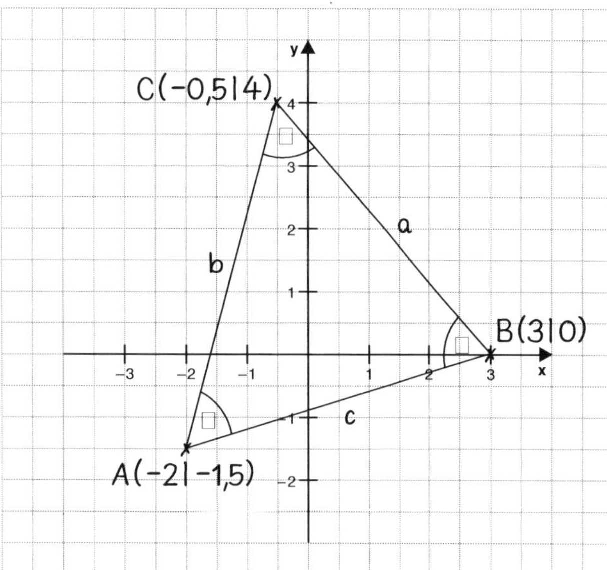

2. a) α = 52° ; β = 88° ; γ = 40°

b) Winkelsumme: $\alpha + \beta + \gamma$ = 52° + 88° + 40° = 180° (Grad)

3.

	Nikos Dreieck	Sarahs Dreieck	Lauras Dreieck	Hamzas Dreieck
α	110°	54°	65°	12°
β	25°	90°	66°	129°
γ	45°	36°	49°	39°

4.

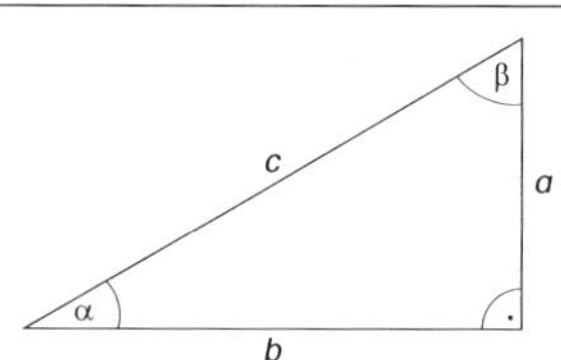

Die Hypotenuse in dem Dreieck ist die Strecke

 a. 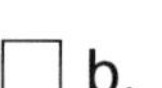 b.  c.

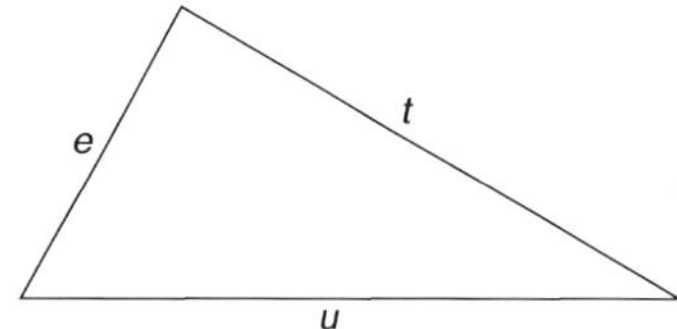

Die Hypotenuse in dem Dreieck ist die Strecke

 u. ☐ t. ☐ e.

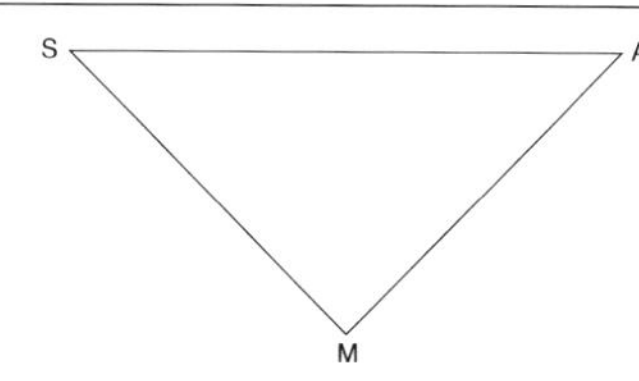

Die Hypotenuse in dem Dreieck ist die Strecke

☐ s. ☐ a. 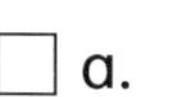 m.

5.

Der Umfang:

U = a + b + c

= 8,85 cm + 6,5 cm + 9 cm

= 24,35 cm

Die Fläche:

A = (Grundseite · Höhe h) : 2

= (9 cm · 6 cm) : 2

= (54 cm^2) : 2

= 27 cm^2

Satz des Pythagoras

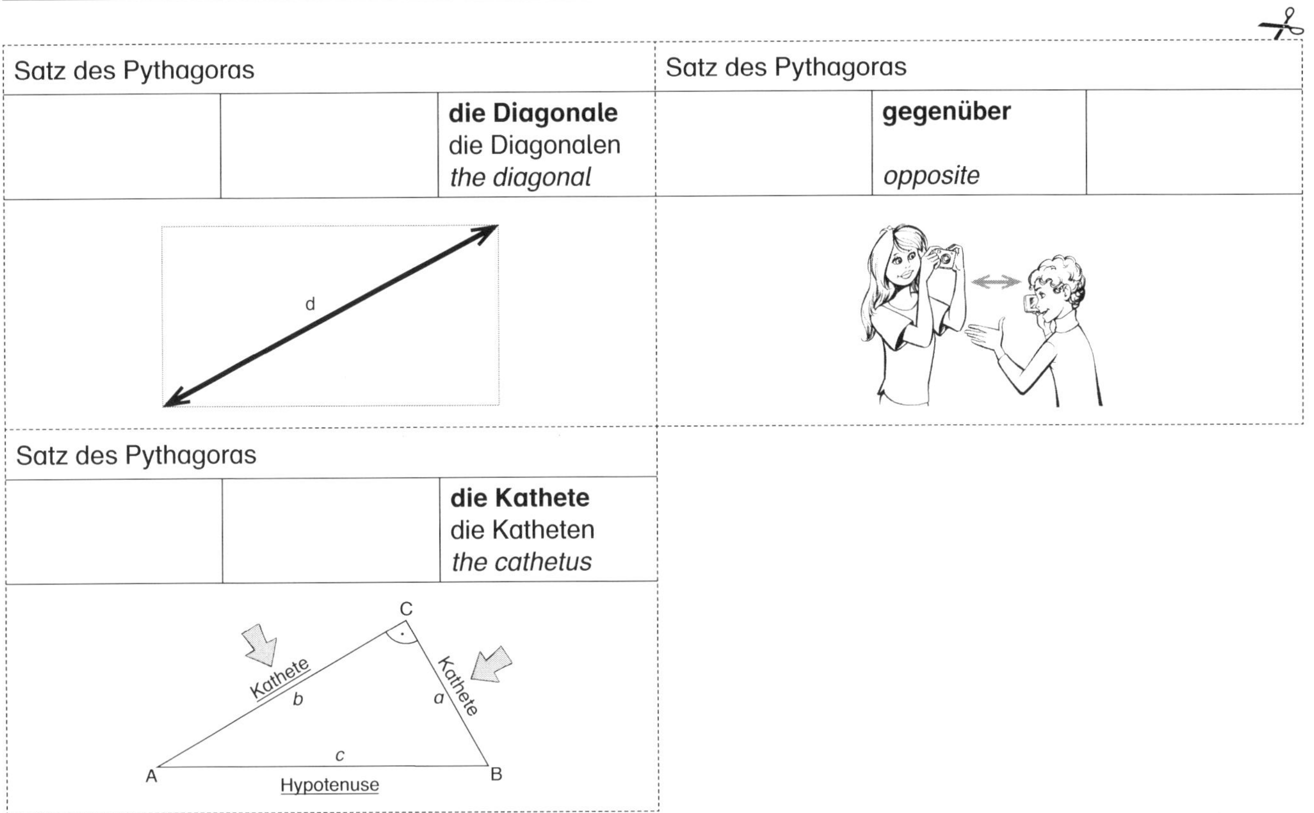

Satz des Pythagoras

Regel: Satz des Pythagoras $a^2 + b^2 = c^2$

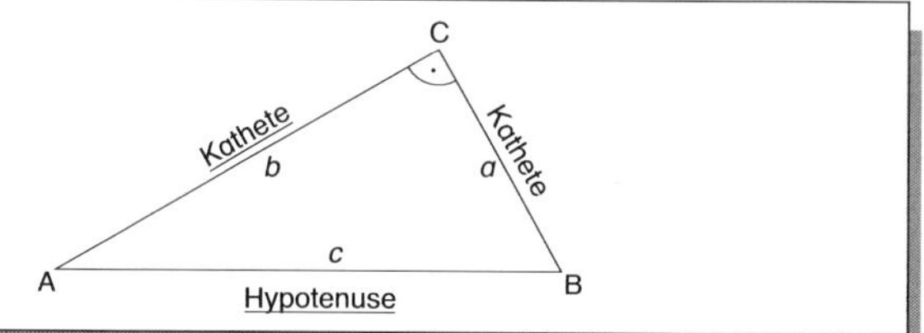

1. Kreuze (→ ankreuzen) die richtige Lösung an.

☐ Die Hypotenuse ist gegenüber vom rechten Winkel.

☐ Die Katheten sind gegenüber vom rechten Winkel.

2. Schreibe die richtige Lösung in die Kästchen.

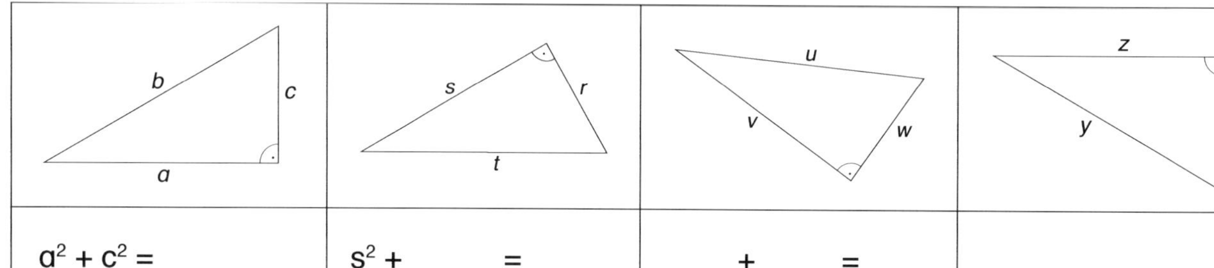

$a^2 + c^2 =$ ______	$s^2 +$ ______ $=$ ______	______ $+$ ______ $=$ ______	______

3. Hilf (→ helfen) Kristina bei den Rechnungen.

a)

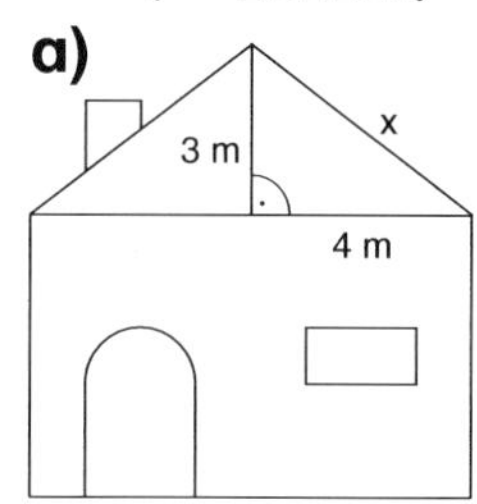

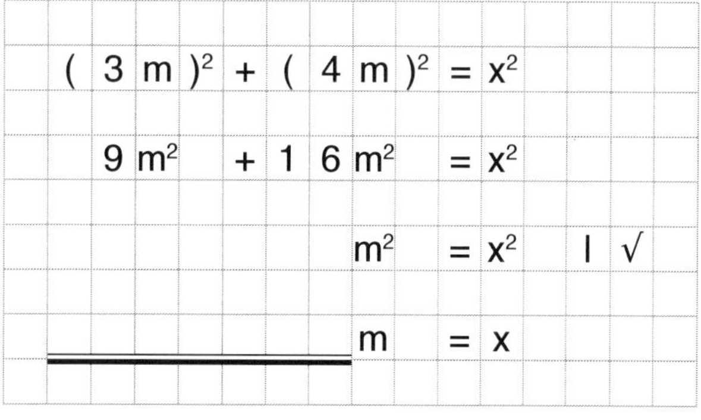

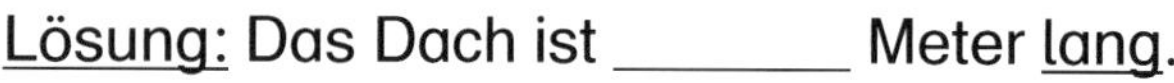

Lösung: Das Dach ist ________ Meter lang.

b)

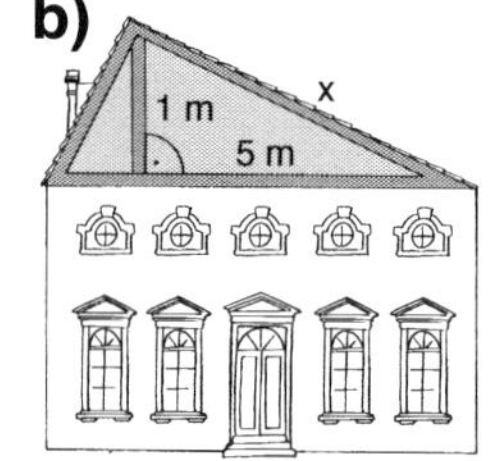

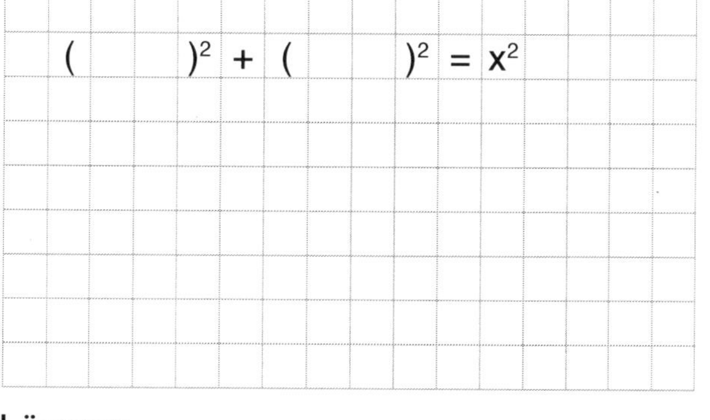

Lösung: ______________________

4. Familie May kauft einen neuen Fernseher. Berechne (→ rechnen) die Diagonale.

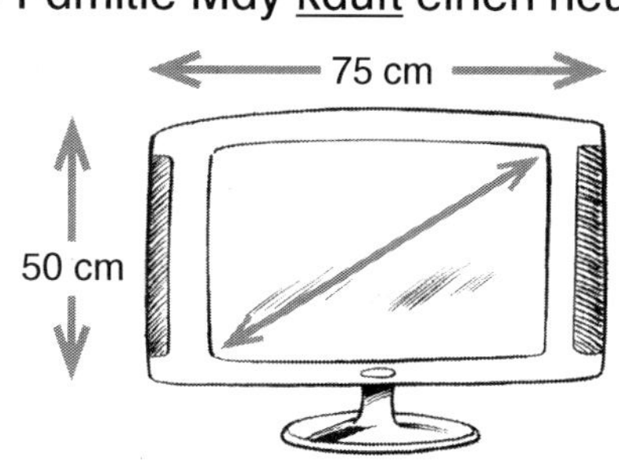

Satz des Pythagoras

Regel: Im Dreieck mit einem rechten Winkel gilt der Satz des Pythagoras: $a^2 + b^2 = c^2$

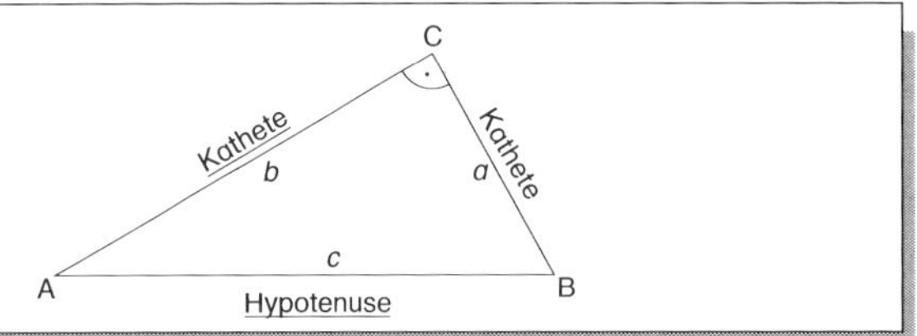

1. Kreuze (→ ankreuzen) die richtigen Lösungen an.

- ☐ Im Dreieck mit einem rechten Winkel gibt es zwei Katheten.
- ☐ Die Hypotenuse ist gegenüber vom rechten Winkel.
- ☐ Im Dreieck mit einem rechten Winkel gibt es zwei Hypotenusen.

2. Rechne mit dem Satz des Pythagoras.

a)

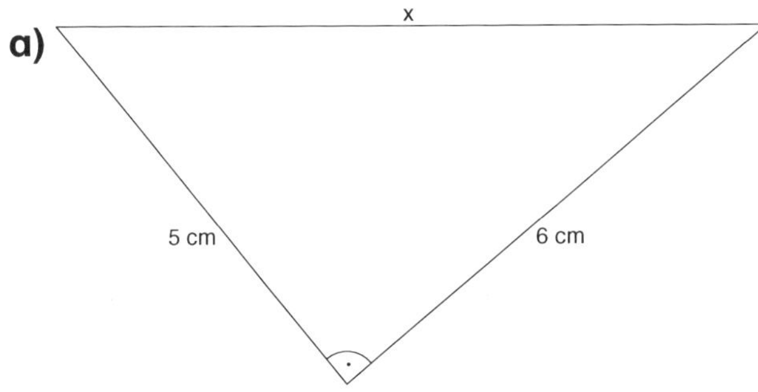

$(5\,\text{cm})^2 + (6\,\text{cm})^2 = x^2$

$25\,\text{cm}^2 + 36\,\text{cm}^2 = x^2$

$61\,\text{cm}^2 = x^2 \quad | \sqrt{}$

$\_\_\_\_\,\text{cm} \approx x$

b)

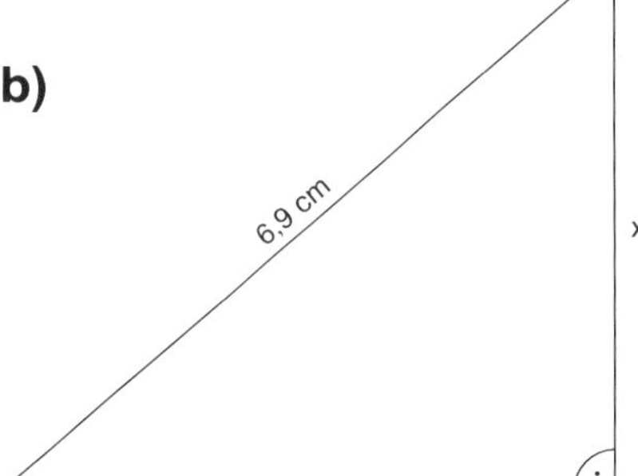

$(5{,}3\,\text{cm})^2 + x^2 = (6{,}9\,\text{cm})^2$

$28{,}09\,\text{cm}^2 + x^2 =$

3. Nadja überprüft, ob das Dreieck einen rechten Winkel hat. Kreuze (→ ankreuzen) die richtige Lösung an.

a)

$(4\,\text{cm})^2 + (7{,}5\,\text{cm})^2 = (8{,}5\,\text{cm})^2$

$16\,\text{cm}^2 + \quad =$

$=$

- ☐ Dreieck mit einem rechten Winkel
- ☐ Dreieck ohne rechten Winkel

b)

$(3{,}5\,\text{mm})^2 + (4\,\text{mm})^2 = (6\,\text{mm})^2$

- ☐ Dreieck mit einem rechten Winkel
- ☐ Dreieck ohne rechten Winkel

4. Die Lehrerin schreibt an die Tafel:

> Berechne (→ rechnen) b und γ bei dem Dreieck ABC mit einem rechten Winkel mit $\alpha = 90°$, $\beta = 78°$, $c = 6{,}7$ cm und $a = 9{,}1$ cm.

Zeichne eine Skizze und berechne (→ rechnen).

Satz des Pythagoras

1. ☒ Die Hypotenuse ist gegenüber vom rechten Winkel.
   ☐ Die Katheten sind gegenüber vom rechten Winkel.

2.

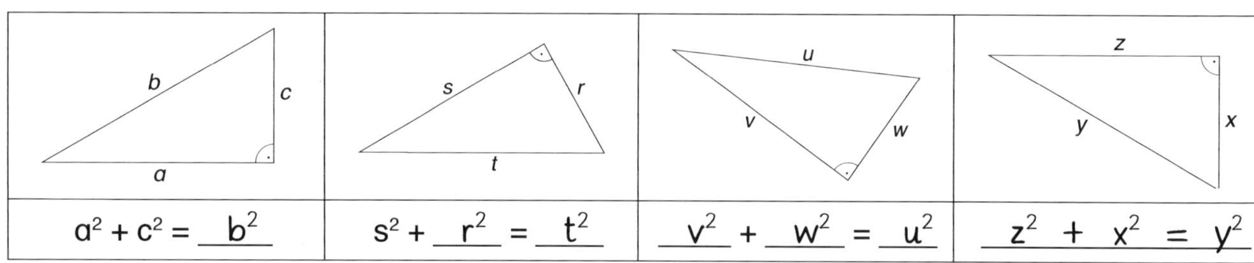

$a^2 + c^2 = b^2$	$s^2 + r^2 = t^2$	$v^2 + w^2 = u^2$	$z^2 + x^2 = y^2$

3. a)

$(3\,m)^2 + (4\,m)^2 = x^2$
$9\,m^2 + 16\,m^2 = x^2$
$25\,m^2 = x^2 \quad | \sqrt{}$
$5\,m = x$

Lösung: Das Dach ist 5 Meter lang.

b)

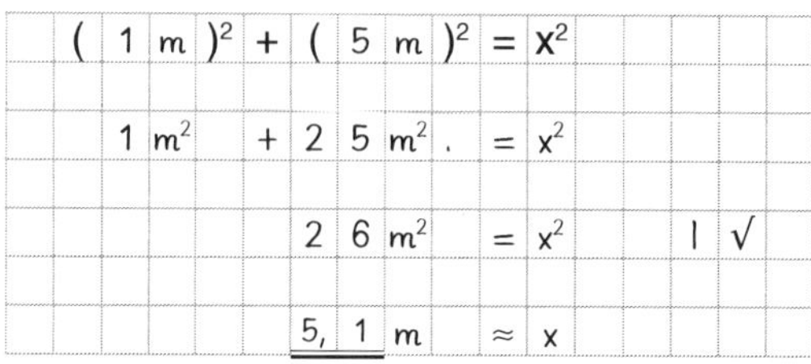

$(1\,m)^2 + (5\,m)^2 = x^2$
$1\,m^2 + 25\,m^2 = x^2$
$26\,m^2 = x^2 \quad | \sqrt{}$
$5{,}1\,m \approx x$

Lösung: Das Dach ist ca. 5,1 Meter lang.

4. $(50\,cm)^2 + (75\,cm)^2 = 2500\,cm^2 + 5625\,cm^2 = 8125\,cm^2 = x^2 \rightarrow 90{,}14\,cm \approx x$
Lösung: Die Diagonale ist ca. 90,14 cm lang.

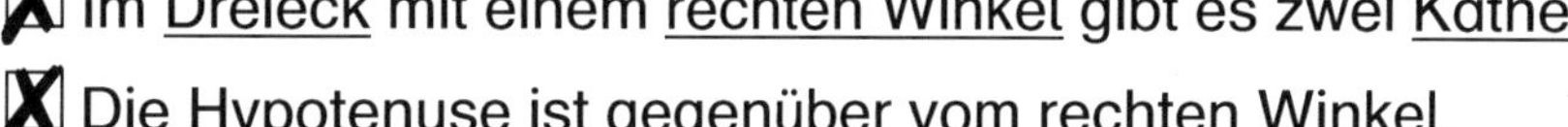

1. ☒ Im Dreieck mit einem rechten Winkel gibt es zwei Katheten.
   ☒ Die Hypotenuse ist gegenüber vom rechten Winkel.
   ☐ Im Dreieck mit einem rechten Winkel gibt es zwei Hypotenusen.

2. a)

$(5\,cm)^2 + (6\,cm)^2 = x^2$
$25\,cm^2 + 36\,cm^2 = x^2$
$61\,cm^2 = x^2 \quad | \sqrt{}$
$7{,}81\,cm \approx x$

b)

$(5{,}3\,cm)^2 + x^2 = (6{,}9\,cm)^2$
$28{,}09\,cm^2 + x^2 = 47{,}61\,cm^2 \quad | -28{,}09\,cm^2$
$x^2 = 19{,}52\,cm^2 \quad | \sqrt{}$
$x \approx 4{,}42\,cm$

3. a)

$(4\,cm)^2 + (7{,}5\,cm)^2 = (8{,}5\,cm)^2$
$16\,cm^2 + 56{,}25\,cm^2 = 72{,}25\,cm^2$
$72{,}25\,cm^2 = 72{,}25\,cm^2$

☒ Dreieck mit einem rechten Winkel
☐ Dreieck ohne rechten Winkel

b)

$(3{,}5\,mm)^2 + (4\,mm)^2 = (6\,mm)^2$
$12{,}25\,mm^2 + 16\,mm^2 = 36\,mm^2$
$28{,}25\,mm^2 \neq 36\,mm^2$

☐ Dreieck mit einem rechten Winkel
☒ Dreieck ohne rechten Winkel

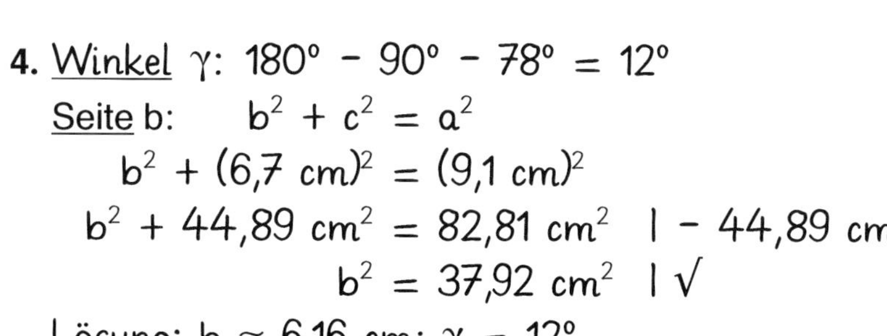

4. Winkel γ: $180° - 90° - 78° = 12°$
Seite b: $b^2 + c^2 = a^2$
$b^2 + (6{,}7\,cm)^2 = (9{,}1\,cm)^2$
$b^2 + 44{,}89\,cm^2 = 82{,}81\,cm^2 \quad | -44{,}89\,cm^2$
$b^2 = 37{,}92\,cm^2 \quad | \sqrt{}$
Lösung: $b \approx 6{,}16\,cm$; $\gamma = 12°$

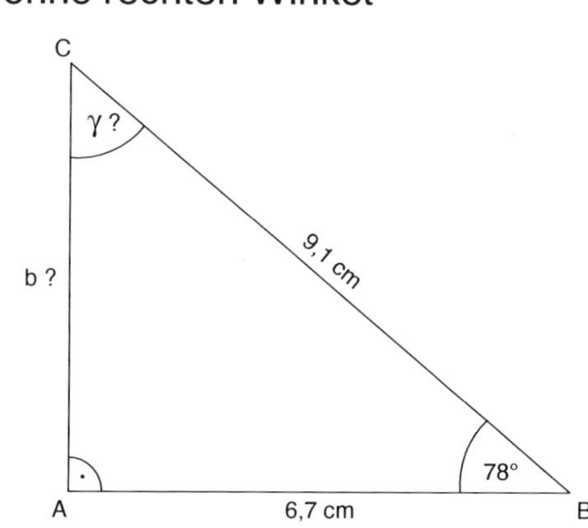

Trigonometrie

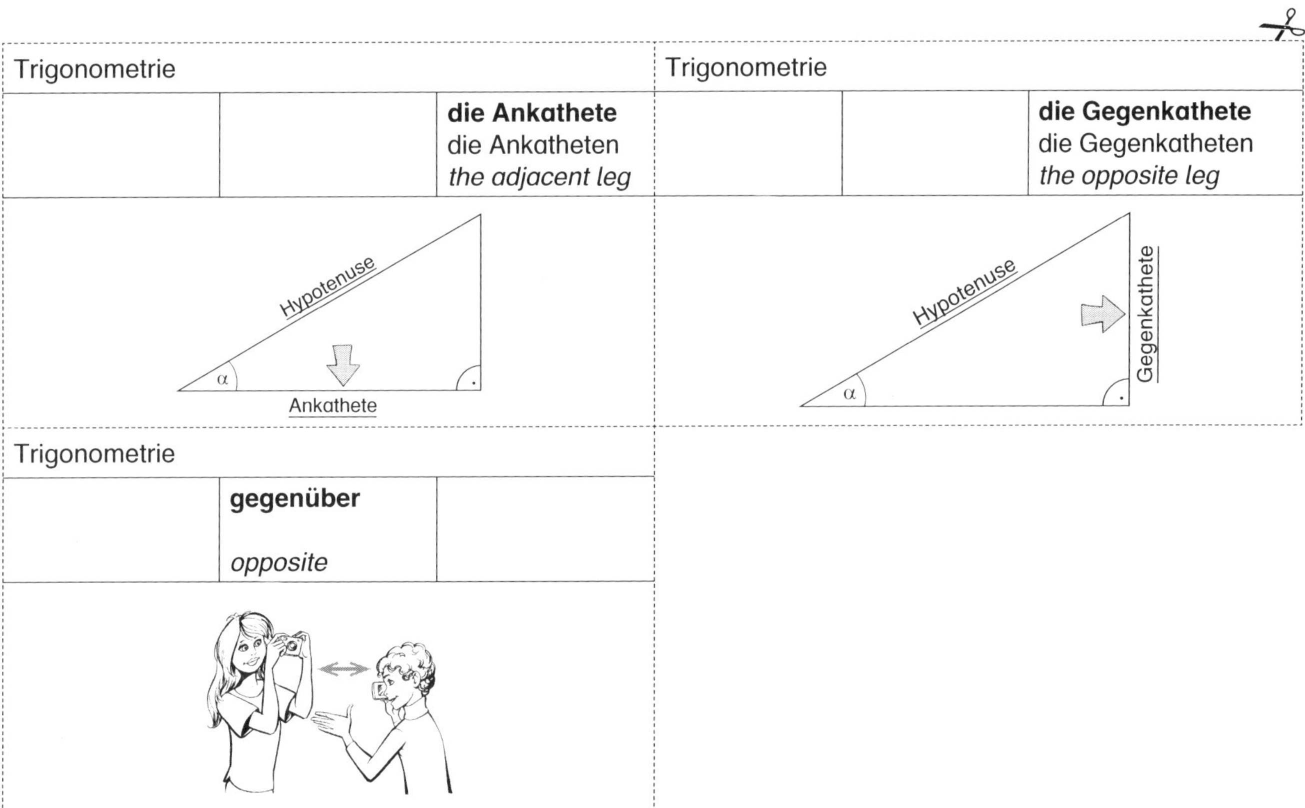

Trigonometrie

		die Ankathete die Ankatheten *the adjacent leg*

Trigonometrie

		die Gegenkathete die Gegenkatheten *the opposite leg*

Trigonometrie

	gegenüber *opposite*	

1. Markiere die Hypotenuse **a** des rechtwinkligen Dreiecks mit einem Textmarker.

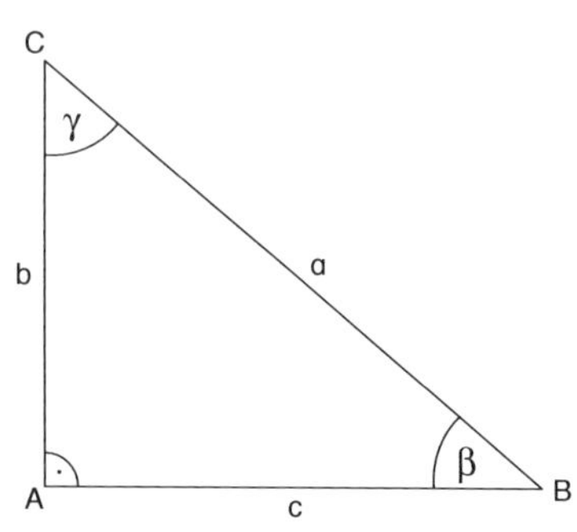

> **Regel:** Du ermittelst immer vom Winkel aus, um fehlende Seiten zu berechnen (→ rechnen).

> **Erklärung:** Vom Winkel β aus ist die Seite c die Ankathete, weil sie am Winkel β liegt.
> Vom Winkel β aus ist die Seite b die Gegenkathete, weil sie gegenüber dem gegebenen Winkel liegt.

2. Schreibe die Lösungen in die Lücken:

Vom Winkel γ aus ist c die ______________. Vom Winkel γ aus ist b die ______________.

$\sin \alpha = \dfrac{\text{Gegenkathete von } \alpha}{\text{Hypotenuse}}$	$\cos \alpha = \dfrac{\text{Ankathete von } \alpha}{\text{Hypotenuse}}$	$\tan \alpha = \dfrac{\text{Gegenkathete von } \alpha}{\text{Ankathete von } \alpha}$

3. Schreibe in die Kästchen.

________ $\alpha = \frac{a}{b}$

________ $\alpha = \frac{c}{b}$

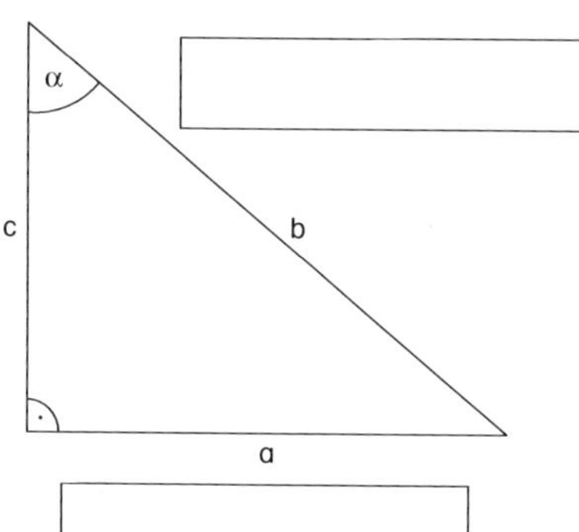

4. Kreuze (→ ankreuzen) die richtige Lösung an.

a)

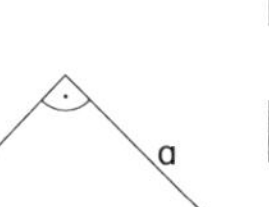

- ☐ $\sin \alpha = \frac{a}{c}$
- ☐ $\cos \alpha = \frac{a}{c}$
- ☐ $\tan \beta = \frac{b}{a}$

b)

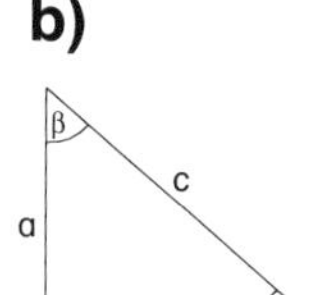

- ☐ $\cos \alpha = \frac{a}{c}$
- ☐ $\cos \beta = \frac{c}{a}$
- ☐ $\sin \beta = \frac{b}{c}$

c)

- ☐ $\sin \delta = \frac{m}{n}$
- ☐ $\sin \delta = \frac{m}{k}$
- ☐ $\sin \delta = \frac{n}{k}$

5. Wie breit ist der Fluss? Berechne (→ rechnen) die fehlende Seite x.

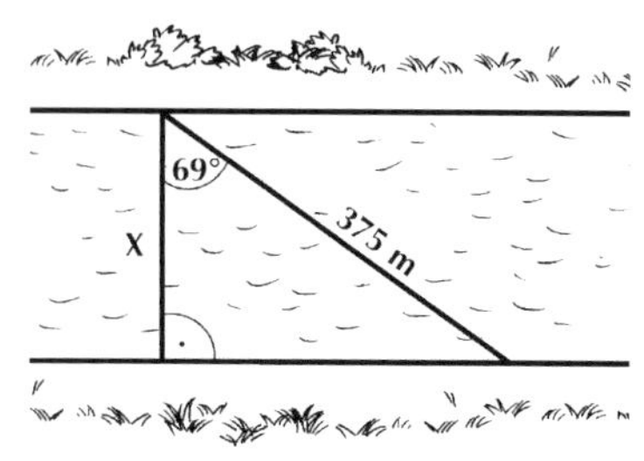

$\cos 69° = \dfrac{x}{375\,m} \quad | \cdot 375\,m$

$\cos 69° \cdot 375\,m = x$

________ m ≈ x

Lösung: Der Fluss ist ca. ______ Meter breit.

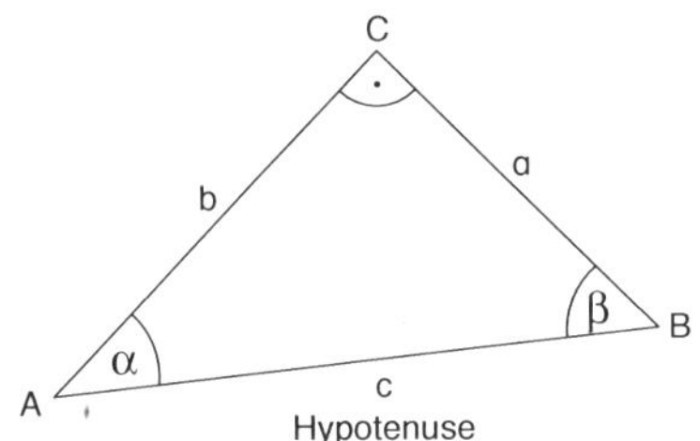

Regel: Du ermittelst immer vom Winkel aus, um fehlende Seiten in einem rechtwinkligen Dreieck zu berechnen (→ rechnen).

$\sin\alpha = \frac{\text{Gegenkathete von } \alpha}{\text{Hypotenuse}} = \frac{a}{c}$	$\cos\alpha = \frac{\text{Ankathete von } \alpha}{\text{Hypotenuse}} = \frac{b}{c}$	$\tan\alpha = \frac{\text{Gegenkathete von } \alpha}{\text{Ankathete von } \alpha} = \frac{a}{b}$

1. Schreibe in die Kästchen.

$\sin\beta = \frac{\text{Gegenkathete}}{\text{Hypotenuse}} = \frac{\square}{\square}$	$\cos\beta = \frac{\text{Ankathete}}{\square} = \frac{\square}{\square}$	$\tan\beta = \frac{\square}{\square} = \frac{\square}{\square}$

2. Schreibe in die Lücken.

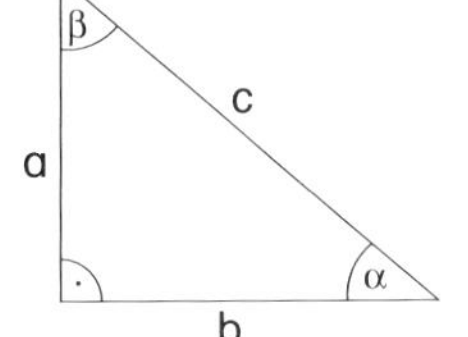

a)

$\sin\alpha = \frac{\quad}{\quad}$ $\tan\beta = \frac{\quad}{\quad}$

$\cos\beta = \frac{\quad}{\quad}$ $\tan\alpha = \frac{\quad}{\quad}$

b)

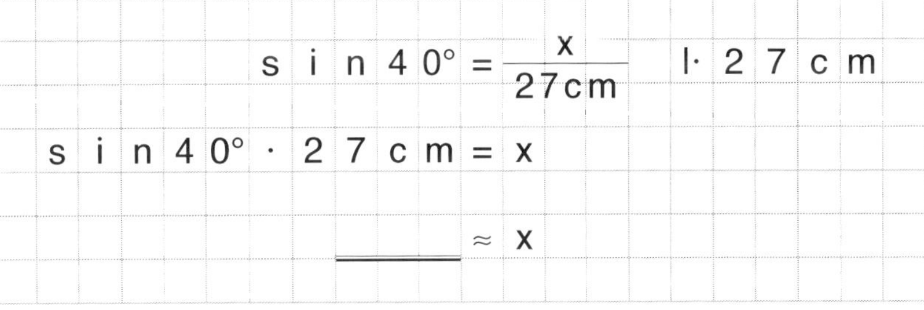

$\frac{b}{a} =$ ______ $\frac{b}{c} =$ ______

$\frac{c}{a} =$ ______

3. Berechne (→ rechnen) die fehlende Seite x.

a)

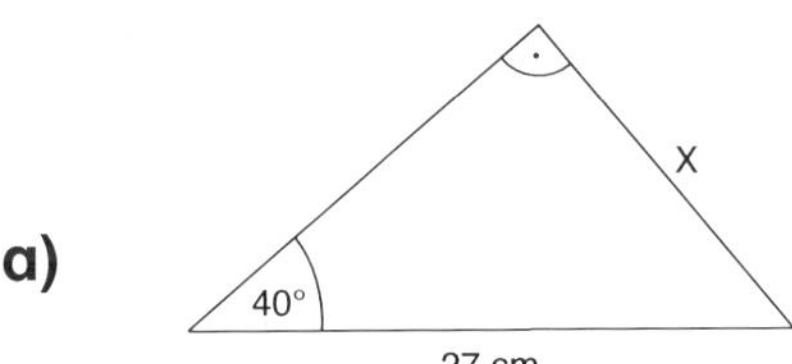

$\sin 40° = \frac{x}{27\,cm}$ | $\cdot$ 27 cm

$\sin 40° \cdot 27\,cm = x$

______ $\approx x$

b)

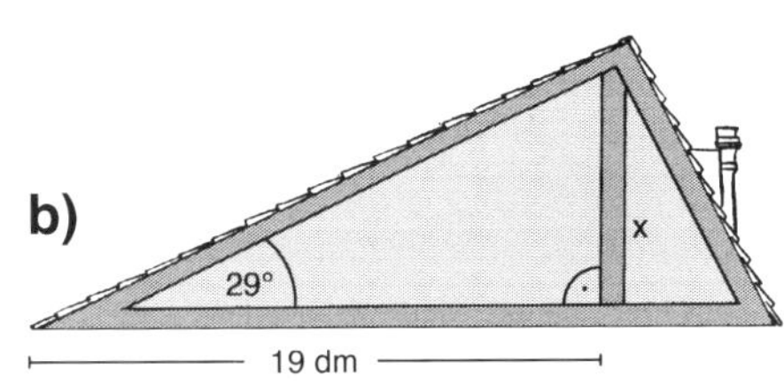

4. Wie hoch ist der Baum? Berechne (→ rechnen) die fehlende Seite x.

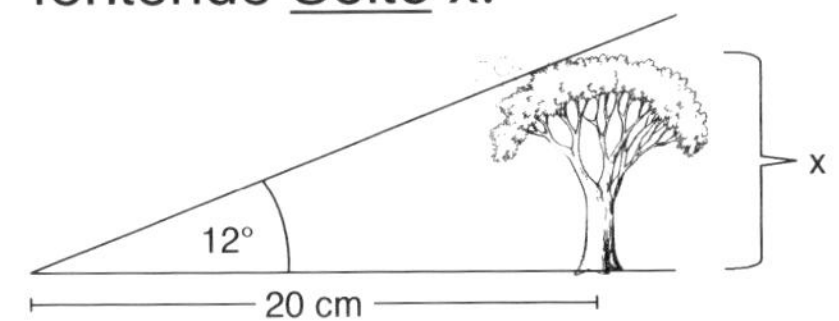

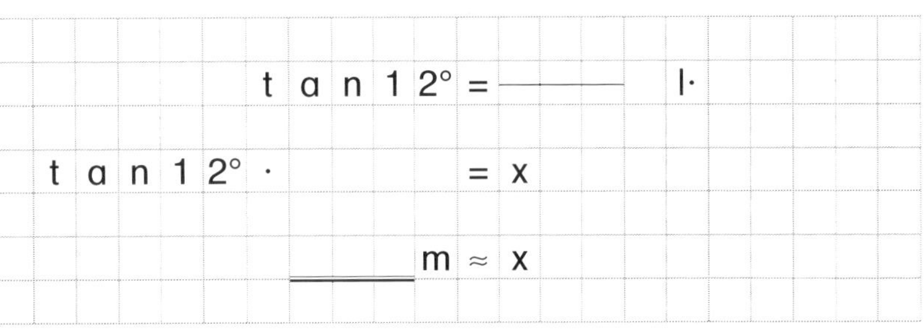

$\tan 12° = \frac{\quad}{\quad}$ | $\cdot$

$\tan 12° \cdot$ ______ $= x$

______ m $\approx x$

Lösung: Der Baum ist ca. ______ Meter hoch.

Trigonometrie

1.

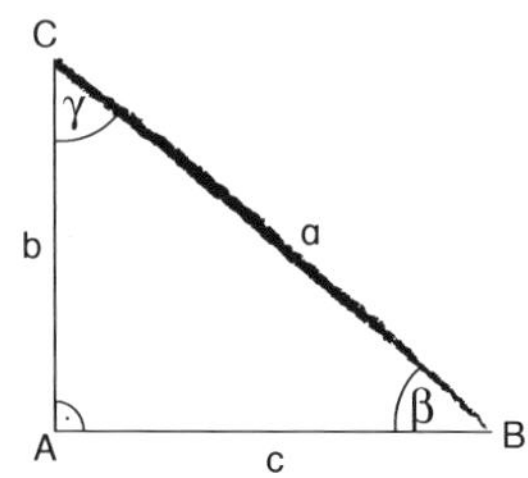

2. Lösung:

Vom Winkel γ aus ist c die Gegenkathete.

Vom Winkel γ aus ist b die Ankathete.

3. sin α $= \frac{a}{b}$

cos α $= \frac{c}{b}$

Ankathete

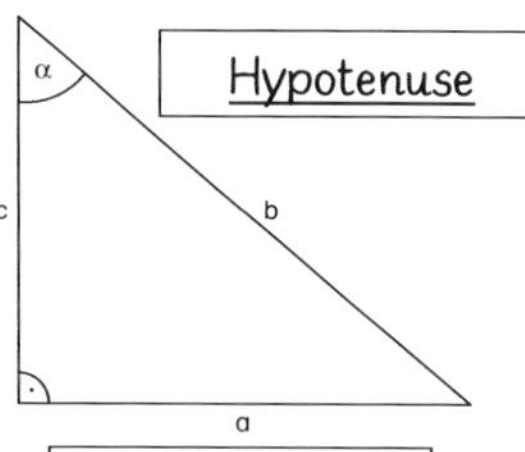

Gegenkathete

4. a)

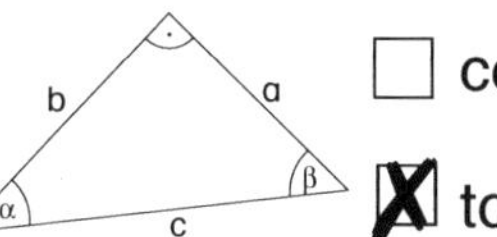

☒ sin α $= \frac{a}{c}$

☐ cos α $= \frac{a}{c}$

☒ tan β $= \frac{b}{a}$

b)

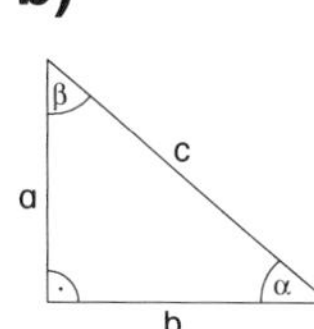

☐ cos α $= \frac{a}{c}$

☐ cos β $= \frac{c}{a}$

☒ sin β $= \frac{b}{c}$

c)

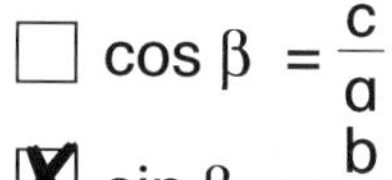

☐ sin δ $= \frac{m}{n}$

☒ sin δ $= \frac{m}{k}$

☐ sin δ $= \frac{n}{k}$

5.

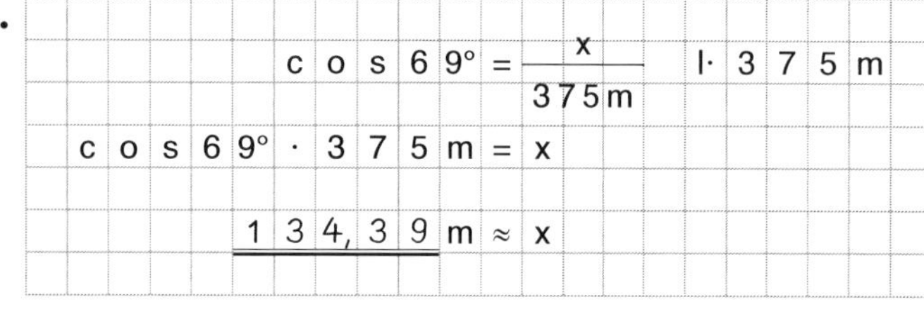

$\cos 69° = \frac{x}{375\,m} \quad | \cdot 375\,m$

$\cos 69° \cdot 375\,m = x$

$134{,}39\,m \approx x$

Lösung:

Der Fluss ist ca. 134,39 Meter breit.

1.

$\sin \beta = \frac{\text{Gegenkathete}}{\text{Hypotenuse}} = \frac{b}{c}$	$\cos \beta = \frac{\text{Ankathete}}{\text{Hypotenuse}} = \frac{a}{c}$	$\tan \beta = \frac{\text{Gegenkathete}}{\text{Ankathete}} = \frac{b}{a}$

2.

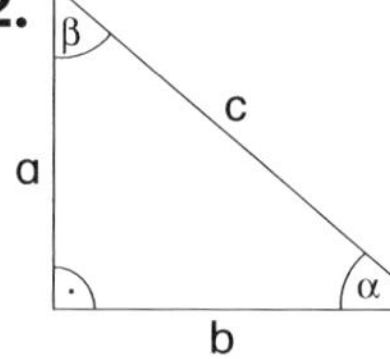

a)

$\sin \alpha = \frac{a}{c}$ $\quad \tan \beta = \frac{b}{a}$

$\cos \beta = \frac{a}{c}$ $\quad \tan \alpha = \frac{a}{b}$

b)

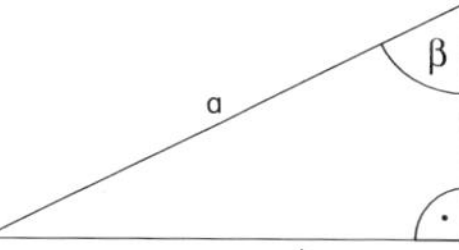

$\frac{b}{a} = \sin \beta$ $\quad \frac{b}{c} = \tan \beta$

$\frac{c}{a} = \cos \beta$

3. a)

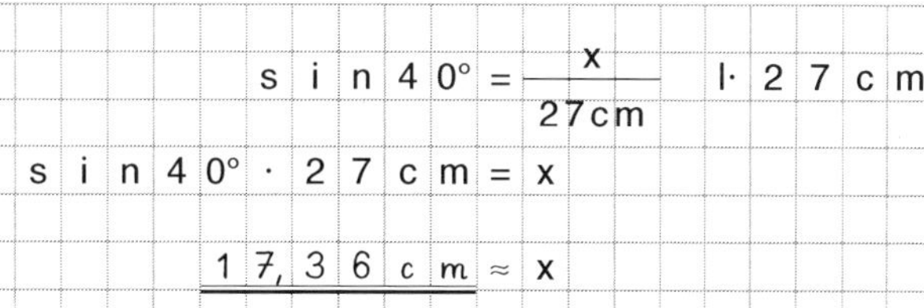

$\sin 40° = \frac{x}{27\,cm} \quad | \cdot 27\,cm$

$\sin 40° \cdot 27\,cm = x$

$17{,}36\,cm \approx x$

b)

$\tan 29° = \frac{x}{19\,dm} \quad | \cdot 19\,dm$

$\tan 29° \cdot 19\,dm = x$

$10{,}53\,dm \approx x$

4.

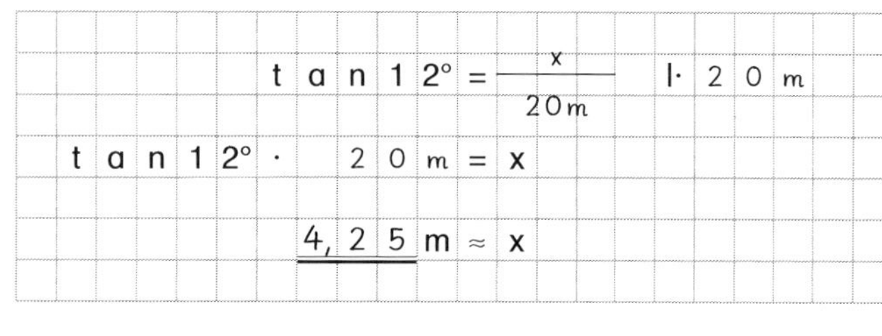

$\tan 12° = \frac{x}{20\,m} \quad | \cdot 20\,m$

$\tan 12° \cdot 20\,m = x$

$4{,}25\,m \approx x$

Lösung:

Der Baum ist ca. 4,25 Meter hoch.

Strahlensätze

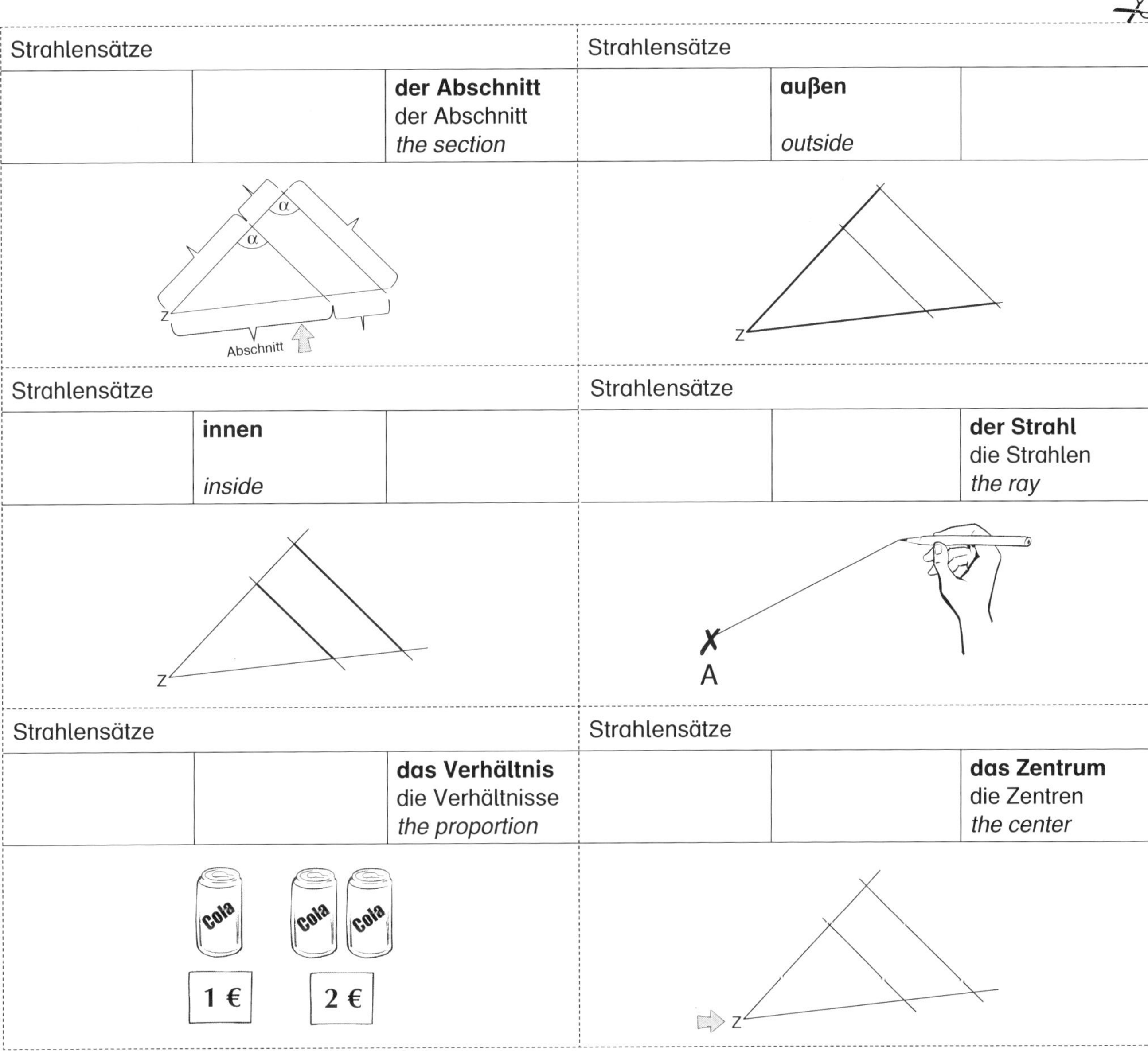

Strahlensätze

1. Kristina fragt (→ fragen) sich, wie lang der See ist.

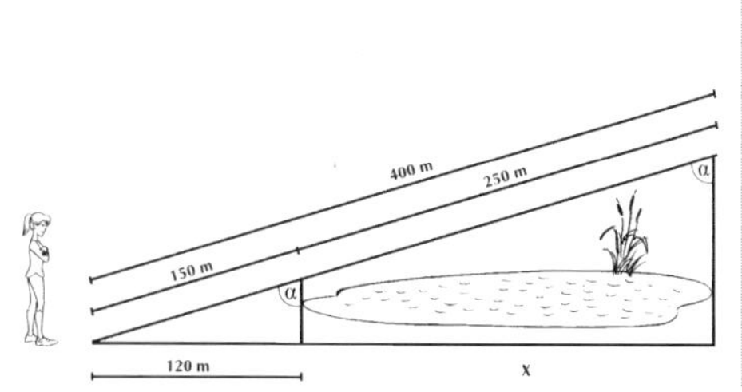

$$\frac{400\text{ m}}{150\text{ m}} = \frac{120\text{ m} + x}{120\text{ m}} \quad |\cdot 120\text{ m}$$

$$\frac{400\text{ m}}{150\text{ m}} \cdot 120\text{ m} = 120\text{ m} + x \quad |- 120\text{ m}$$

$$\_\_\_\_\_\_\_\_\text{ m} = x$$

Lösung: Der See ist _______ Meter lang.

1. Strahlensatz

Regel: $\frac{\text{lange Strecke 1}}{\text{kurze Strecke 1}} = \frac{\text{lange Strecke 2}}{\text{kurze Strecke 2}}$

2. Berechne (→ rechnen) die markierte Strecke.

a)

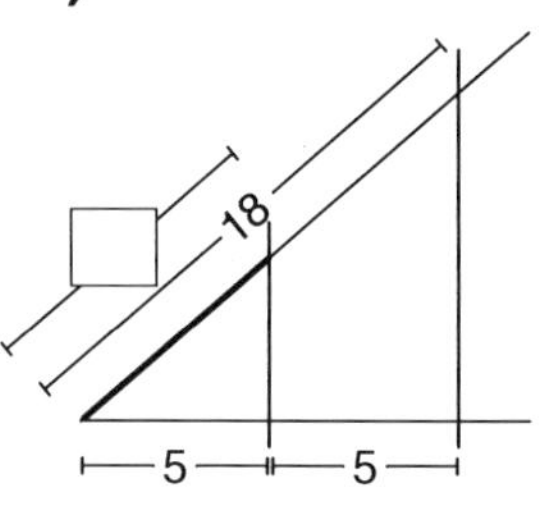

$$\frac{18}{x} = \frac{5+5}{5}$$

$$\frac{18}{x} = \frac{10}{5}$$

b)

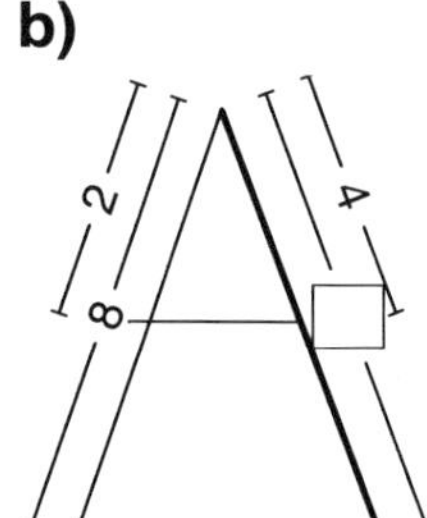

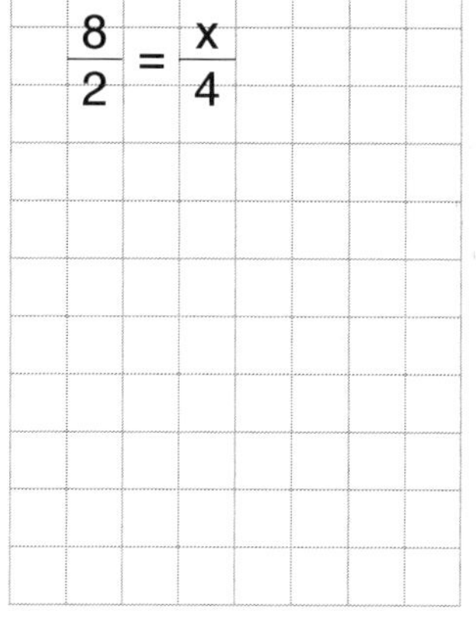

3. Sinan berechnet (→ rechnen) die Höhe des Regals.

a)

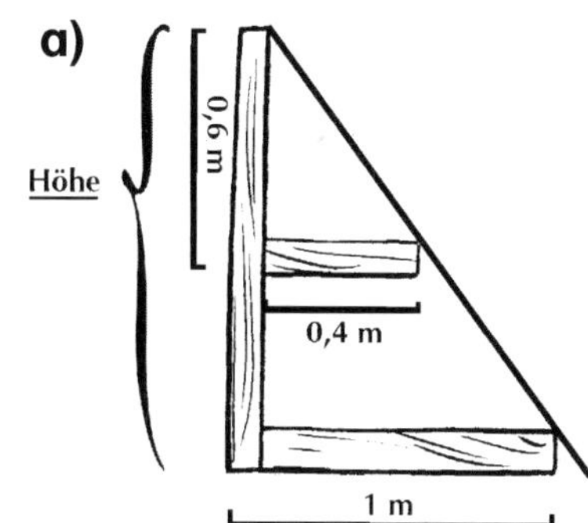

Rechnung:

$$\frac{1\text{ m}}{0{,}4\text{ m}} = \frac{x}{0{,}6\text{ m}} \quad |\cdot 0{,}6\text{ m}$$

$$\frac{1\text{ m}}{0{,}4\text{ m}} \cdot 0{,}6\text{ m} = x$$

$$\_\_\_\_\_\_\_\_ = x$$

Lösung: Das Regal ist _______ Meter hoch.

b)

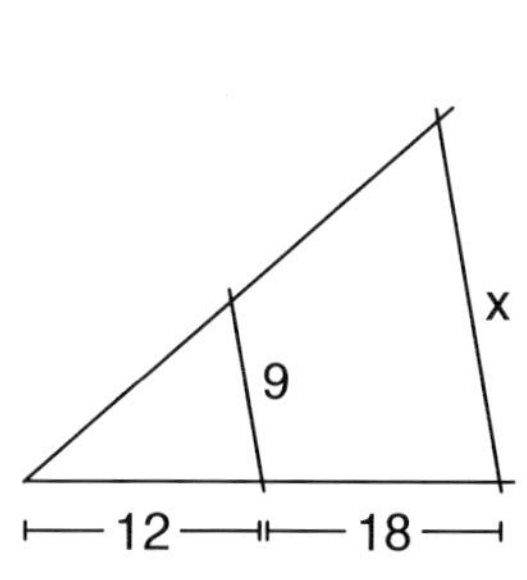

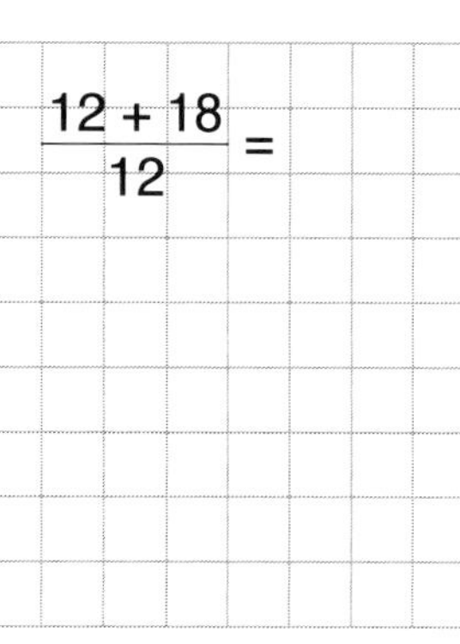

c)

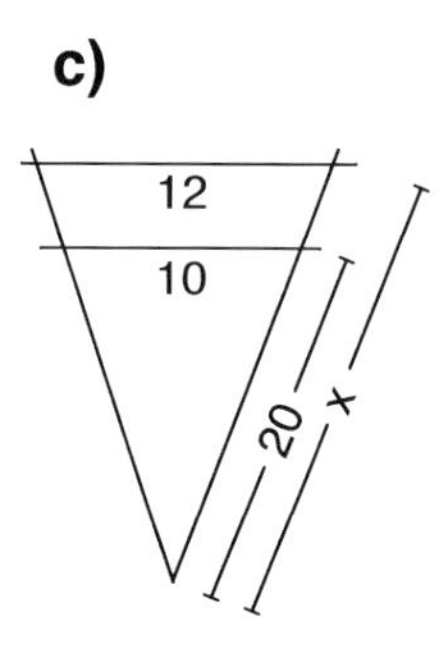

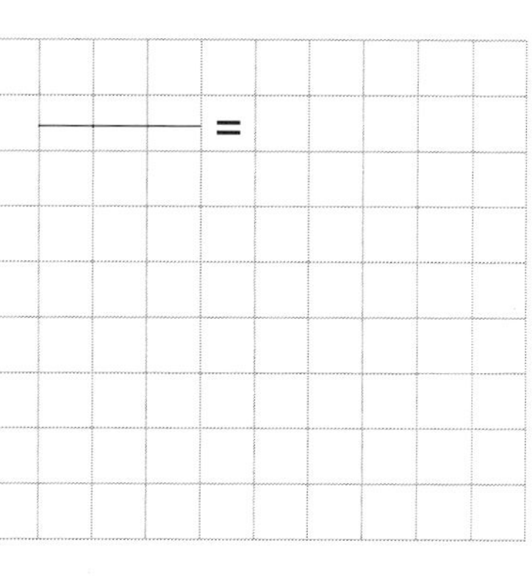

2. Strahlensatz

Strahlensätze

Regel:

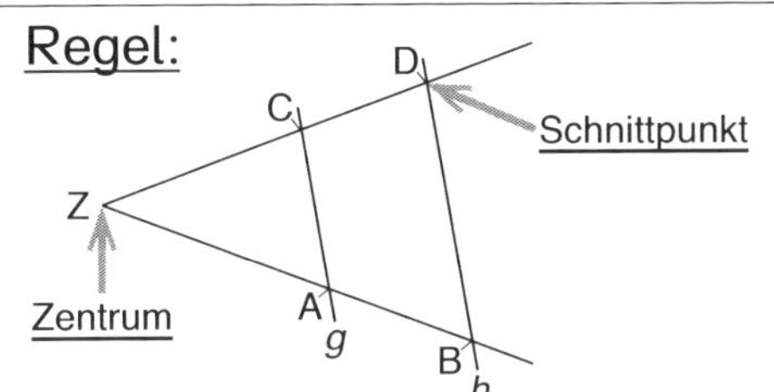

1. Strahlensatz „außen“

$$\frac{\overline{ZB}}{\overline{ZA}} = \frac{\overline{ZD}}{\overline{ZC}}$$

2. Strahlensatz „innen“

$$\frac{\overline{ZB}}{\overline{ZA}} = \frac{\overline{BD}}{\overline{AC}} \qquad \frac{\overline{ZD}}{\overline{ZC}} = \frac{\overline{BD}}{\overline{AC}}$$

→ **Die Verhältnisse der Strecken sind gleich.**

1. Berechne (→ rechnen) die Abschnitte mit der Regel.

a)

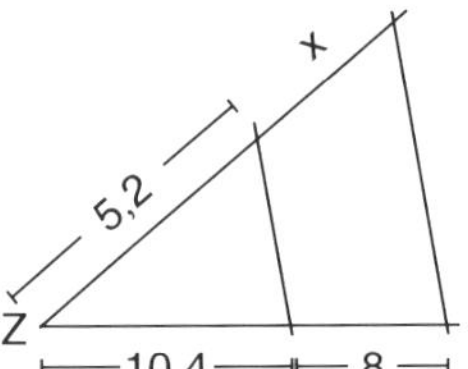
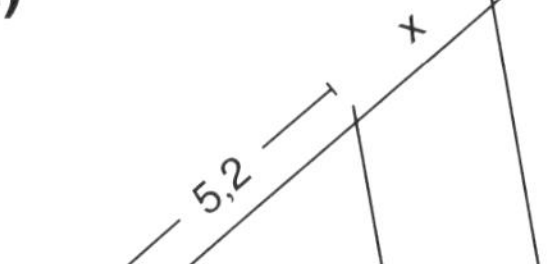

$$\frac{10{,}4 + 8}{10{,}4} = \frac{5{,}2 + x}{5{,}2}$$

$$\frac{\quad}{10{,}4} = \frac{5{,}2 + x}{5{,}2} \quad |\cdot$$

b)

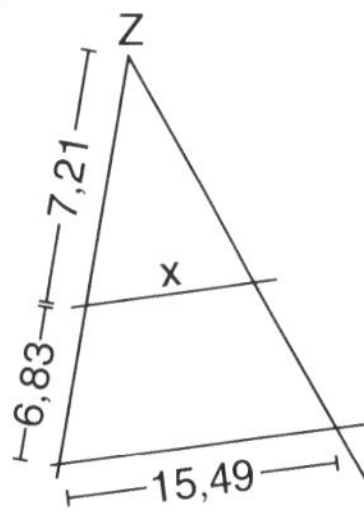

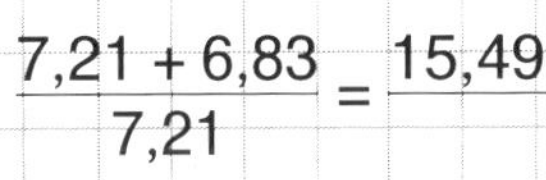

$$\frac{7{,}21 + 6{,}83}{7{,}21} = \frac{15{,}49}{\quad}$$

2. Familie May macht einen Ausflug. Pierre fragt sich, wie lang der See ist.

a)

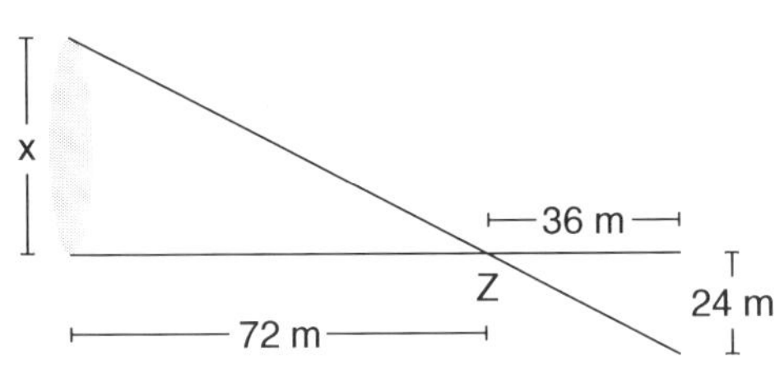

Lösung: Der See ist ______ Meter lang.

b)

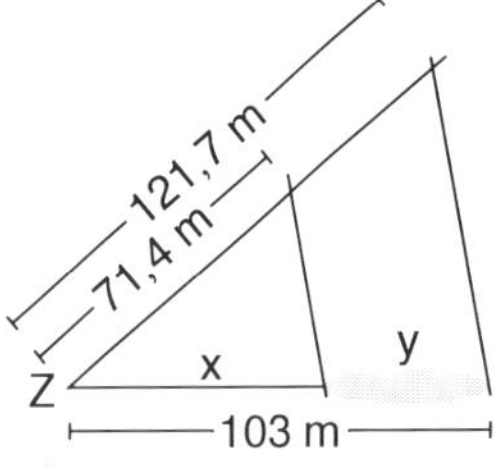

Lösung: Der See ist ______ Meter lang.

Strahlensätze

1.

$320\,m = 120\,m + x \quad | -120\,m$

$\underline{200}\,m = x$

Lösung: Der See ist 200 Meter lang.

2. a)

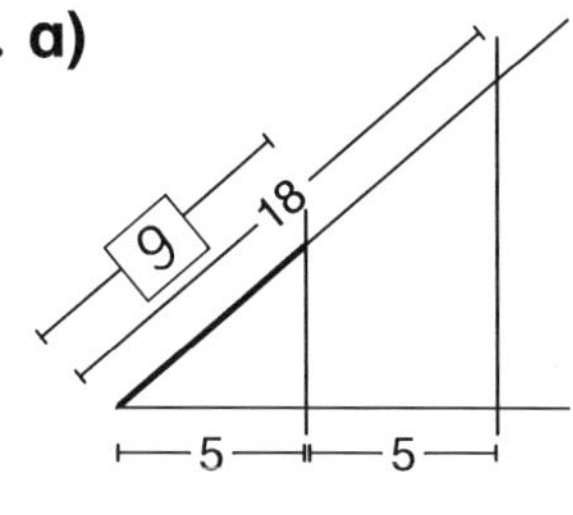

$\frac{18}{x} = \frac{5+5}{5}$

$\frac{18}{x} = \frac{10}{5}$

$\frac{18}{x} = 2 \quad | \cdot x$

$18 = 2x \quad | : 2$

$\underline{9} = x$

b)

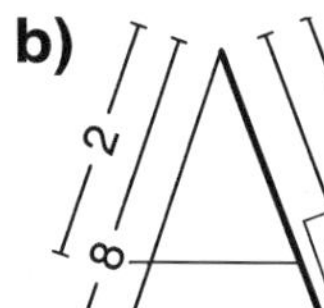

$\frac{8}{2} = \frac{x}{4}$

$4 = \frac{x}{4} \quad | \cdot 4$

$\underline{16} = x$

3. a)

$\frac{1\,m}{0,4\,m} = \frac{x}{0,6\,m} \quad | \cdot 0,6\,m$

$\frac{1\,m}{0,4\,m} \cdot 0,6\,m = x$

$\underline{1,5\,m} = x$

b)

$\frac{12+18}{12} = \frac{x}{9}$

$\frac{30}{12} = \frac{x}{9} \quad | \cdot 9$

$\underline{22,5} = x$

c)

$\frac{x}{20} = \frac{12}{10}$

$\frac{x}{20} = 1,2 \quad | \cdot 20$

$x = \underline{24}$

Lösung: Das Regal ist 1,50 Meter hoch.

---

1. a)

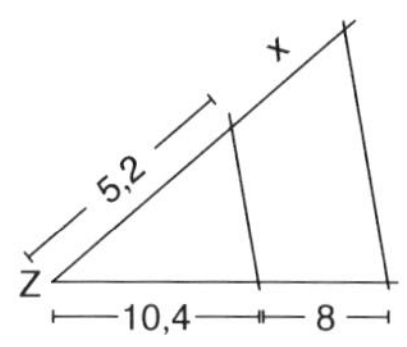

$\frac{10,4+8}{10,4} = \frac{5,2+x}{5,2}$

$\frac{18,4}{10,4} = \frac{5,2+x}{5,2} \quad | \cdot 5,2$

$9,2 = 5,2 + x \quad | -5,2$

$\underline{4} = x$

b)

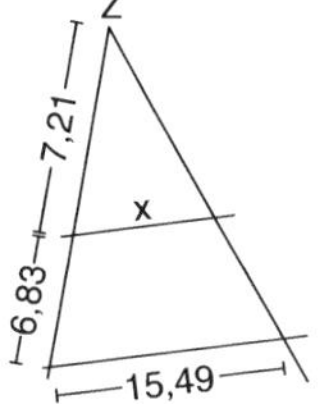

$\frac{7,21+6,83}{7,21} = \frac{15,49}{x}$

$\frac{14,04}{7,21} = \frac{15,49}{x} \quad | \cdot x$

$1,95\,x \approx 15,49 \quad | : 1,95$

$x \approx \underline{7,94}$

2. a)

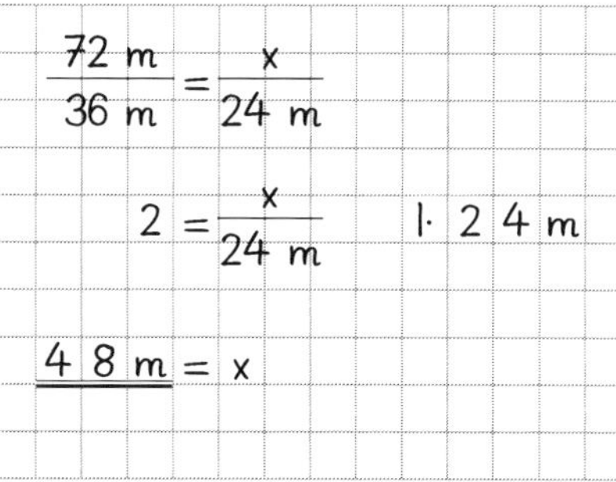

b)

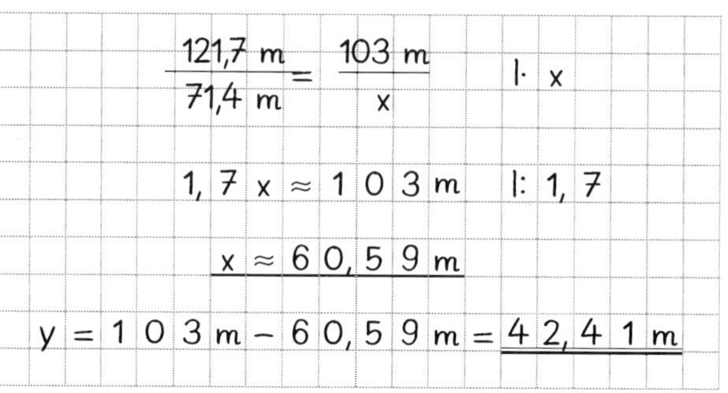

Lösung: Der See ist 48 Meter lang. Lösung: Der See ist 42,41 Meter lang.

Terme und Gleichungen

		die Äquivalenzumformung die Äquivalenzumformungen *the equivalent transformation*

$$2x = 10 \quad |:2$$
$$:2 \qquad :2$$
$$x = 5$$

Terme und Gleichungen

ausklammern klammere aus *to factor*		die Klammer die Klammern *the parenthesis*

$$2x + 4 = 2 \cdot (x + 2)$$

Terme und Gleichungen

		das Produkt die Produkte *the product*

$$3 \cdot 5 = \boxed{15}$$

Wert des Produkts

Terme und Gleichungen

		der Quotient die Quotienten *the quotient*

$$27 : 9 = \boxed{3}$$

Wert des Quotienten

Terme und Gleichungen

zusammenfassen fasse zusammen! *to simplify*		die Zusammenfassung die Zusammenfassungen *the simplification*

$$\underbrace{5x + 7x + 3x} = 30$$
$$\Rightarrow \boxed{15x} = 30$$

Ahmed fasst (→ zusammenfassen) den Term zusammen.

$(7 \cdot 2) + 3$
$= 14 + 3$
$= \underline{17}$

$19 + (2 \cdot 11) - 2$
$= 19 + 22 - 2$
$= \underline{39}$

1. Rechne wie Ahmed.

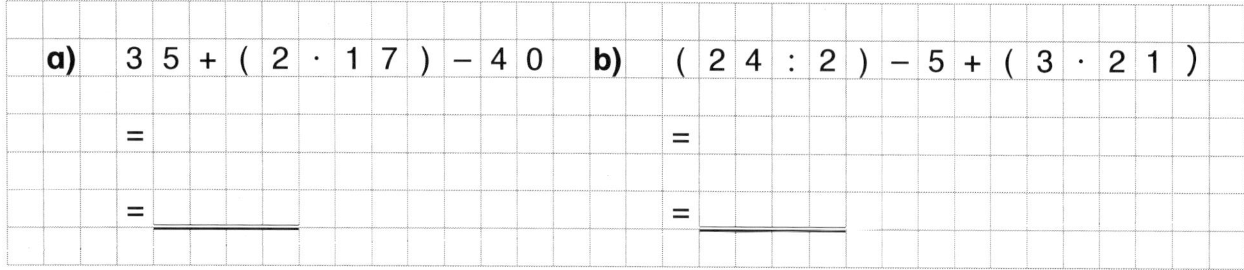

a) $35 + (2 \cdot 17) - 40$
=
= ______

b) $(24 : 2) - 5 + (3 \cdot 21)$
=
= ______

2. Laura fasst (→ zusammenfassen) die Terme mit gleichen Variablen zusammen.

$3x + 5 + 7x$
$= \underline{10x + 5}$

$17a + 26b - 10a + 12b$
$= \underline{7a + 38b}$

Rechne wie Laura.

a) $20a + 9 + 19a + 9a - 7$

b) $17x + 85y + 19x - 12y$

3. Schreibe die Rechnungen und die Lösungen in die Tabelle.

	x	y	(x · y) + 2	(y · 3) + x	(x : 2) + (y · 2)
a)	**2**	**1**	$(2 \cdot 1) + 2$ $= 2 + 2$ $= \underline{4}$		
b)	**6**	**5**			
c)	**4**	☐			$(4 : 2) + (☐ \cdot 2)$ $= 2 + ☐$ $= \underline{6}$

Regel:

1. Klammern berechnen (→ rechnen).

$3 \cdot (2 + 3)$
$= 3 \cdot 5 = 15$

2. Erst Punktrechnung (Produkt, Quotient) dann Strichrechnung (Summe = addieren, Differenz = subtrahieren).

$8 + 7 \cdot 5$
$= 8 + 35 = 43$

1. Rechne mit den Regeln.

a) $(14 - 7) \cdot 3 + 15$
=
= ______

b) $100 : 2 + 50 : 10$
=
= ______

2. Der Lehrer schreibt an die Tafel. Rechne wie der Lehrer.

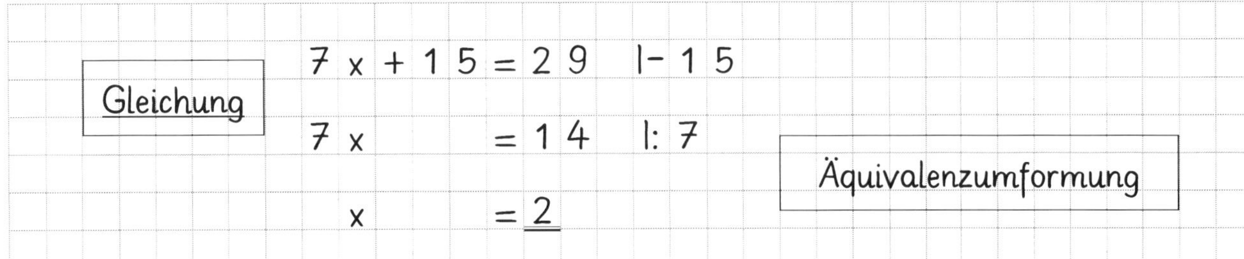

a) $3 \cdot (12 - 2y)$
=
= ______

b) $21 + 5 \cdot (3a - 4)$
=
= ______

3. Gregor wiederholt die Äquivalenzumformung.

Gleichung

$7x + 15 = 29 \quad | -15$
$7x = 14 \quad | :7$
$x = 2$

Äquivalenzumformung

Rechne die Gleichungen in deinem Heft.

a) $5x - 13 = 52$

b) $21x - 5 = 16x + 20$

c) $27 + x = 17 - 4x$

Terme und Gleichungen

1. 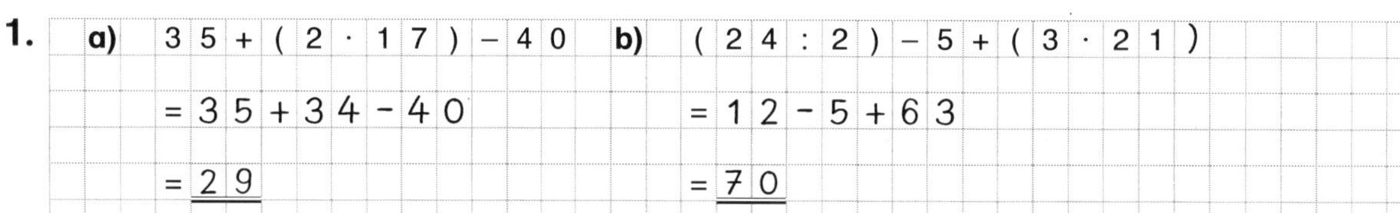

a) $35 + (2 \cdot 17) - 40$
$= 35 + 34 - 40$
$= \underline{29}$

b) $(24 : 2) - 5 + (3 \cdot 21)$
$= 12 - 5 + 63$
$= \underline{70}$

2.

a) $20a + 9 + 19a + 9a - 7$
$= \underline{48a + 2}$

b) $17x + 85y + 19x - 12y$
$= \underline{36x + 73y}$

3.

	x	y	(x · y) + 2	(y · 3) + x	(x : 2) + (y · 2)
a)	2	1	$(2 \cdot 1) + 2$ $= 2 + 2$ $= \underline{4}$	$(1 \cdot 3) + 2$ $= 3 + 2$ $= \underline{5}$	$(2 : 2) + (1 \cdot 2)$ $= 1 + 2$ $= \underline{3}$
b)	6	5	$(6 \cdot 5) + 2$ $= 30 + 2$ $= \underline{32}$	$(5 \cdot 3) + 6$ $= 15 + 6$ $= \underline{21}$	$(6 : 2) + (5 \cdot 2)$ $= 3 + 10$ $= \underline{13}$
c)	4	2	$(4 \cdot 2) + 2$ $= 8 + 2$ $= \underline{10}$	$(2 \cdot 3) + 4$ $= 6 + 4$ $= \underline{10}$	$(4 : 2) + (2 \cdot 2)$ $= 2 + 4$ $= \underline{6}$

1. 

a) $(14 - 7) \cdot 3 + 15$
$= 7 \cdot 3 + 15 = 21 + 15$
$= \underline{36}$

b) $100 : 2 + 50 : 10$
$= 50 + 5$
$= \underline{55}$

2.

a) $3 \cdot (12 - 2y)$
$= (3 \cdot 12) + (3 \cdot (-2y))$
$= \underline{36 - 6y}$

b) $21 + 5 \cdot (3a - 4)$
$= 21 + 15a - 20$
$= \underline{1 + 15a}$

3.

a) $5x - 13 = 52 \quad | + 13$
$5x = 65 \quad | : 5$
$x = \underline{13}$

b) $21x - 5 = 16x + 20 \quad | + 5 - 16x$
$5x = 25 \quad | : 5$
$x = \underline{5}$

c) $27 + x = 17 - 4x \quad | - 27 + 4x$
$5x = -10 \quad | : 5$
$x = \underline{-2}$

Binomische Formeln

Binomische Formeln		
		die binomische Formel die binomischen Formeln *the binomial formula*

(I) $(a + b)^2 = a^2 + 2 \cdot a \cdot b + b^2$

(II) $(a - b)^2 = a^2 - 2 \cdot a \cdot b + b^2$

(III) $(a + b) \cdot (a - b) = a^2 - b^2$

Binomische Formeln		
		die quadratische Ergänzung die quadratischen Ergänzungen *completing the square*

quadratische Ergänzung

$$x^2 + 8x \boxed{+ (4)^2} = (x + 4)^2$$

1. Binomische Formel

Binomische Formeln 1

Regel: Die Multiplikation von Summen (+)

$(3a + 5) \cdot (2b + 7)$

Rechnung:

$(3a \cdot 2b) + (3a \cdot 7) + (5 \cdot 2b) + (5 \cdot 7)$

$= (3 \cdot 2 \cdot a \cdot b) + (3 \cdot 7 \cdot a) + (5 \cdot 2 \cdot b) + (5 \cdot 7)$

$= 6ab + 21a + 10b + 35$ ← Lösung

1. Berechne (→ rechnen) die Lösungen.

a) $(x + 2) \cdot (y + 3)$

=

=

b) $(2a + 4) \cdot (3b + 1)$

=

c) $(5x + 10) \cdot (2 + 3y)$

=

Regel: Die Multiplikation von Differenzen (–)

$(12 - 5x) \cdot (4 + 3y)$

$= (12 \cdot 4) + (12 \cdot 3y) - (5x \cdot 4) - (5x \cdot 3y)$

$= 48 + 36y - 20x - 15xy$

2. Berechne (→ rechnen) die Lösungen.

a) $(3 - x) \cdot (5 + 2y)$

=

=

b) $(12x - 5) \cdot (2y + 6)$

=

c) $(17a + 5) \cdot (2 - 1b)$

=

Kevin wiederholt die binomischen Formeln in seinem Heft.

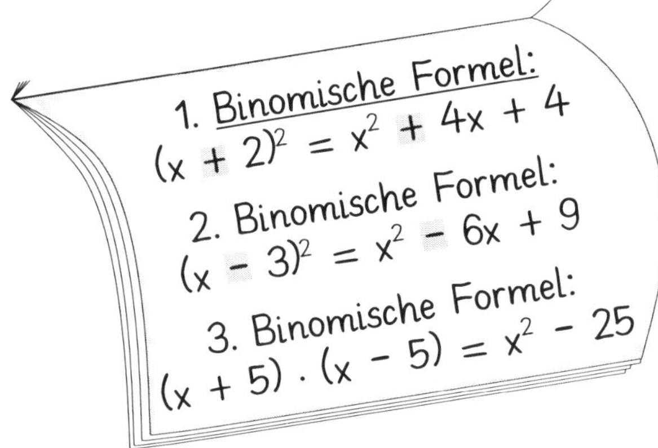

3. Kreuze (→ ankreuzen) die richtige Lösung an.

a) $x^2 - 16$	**b)** $x^2 - 10x + 25$	**c)** $x^2 + 2x + 1$	**d)** $x^2 - 8x + 16$
☐ 1. Binomische Formel	☐ 1. Binomische Formel	☐ 1. Binomische Formel	☐ 1. Binomische Formel
☐ 2. Binomische Formel	☐ 2. Binomische Formel	☐ 2. Binomische Formel	☐ 2. Binomische Formel
☐ 3. Binomische Formel	☐ 3. Binomische Formel	☐ 3. Binomische Formel	☐ 3. Binomische Formel

Binomische Formeln

1.

a) $(x + 2) \cdot (y + 3)$

$= (x \cdot y) + (x \cdot 3) + (2 \cdot y) + (2 \cdot 3)$

$= \underline{xy + 3x + 2y + 6}$

b) $(2a + 4) \cdot (3b + 1)$

$= (2a \cdot 3b) + (2a \cdot 1) + (4 \cdot 3b) + (4 \cdot 1)$

$= (2 \cdot 3 \cdot a \cdot b) + 2a + 12b + 4$

$= \underline{6ab + 2a + 12b + 4}$

c) $(5x + 10) \cdot (2 + 3y)$

$= (5x \cdot 2) + (5x \cdot 3y) + (10 \cdot 2) + (10 \cdot 3y)$

$= 10x + (5 \cdot 3 \cdot x \cdot y) + 20 + 30y$

$= \underline{10x + 15xy + 20 + 30y}$

2.

a) $(3 - x) \cdot (5 + 2y)$

$= (3 \cdot 5) + (3 \cdot 2y) - (x \cdot 5) - (x \cdot 2y)$

$= 15 + 6y - 5x - (2 \cdot x \cdot y)$

$= \underline{15 + 6y - 5x - 2xy}$

b) $(12x - 5) \cdot (2y + 6)$

$= (12x \cdot 2y) + 12x \cdot 6) - (5 \cdot 2y) - (5 \cdot 6)$

$= \underline{24xy + 72x - 10y - 30}$

c) $(17a + 5) \cdot (2 - 1b)$

$= (17a \cdot 2) - (17a \cdot 1b) + (5 \cdot 2) - (5 \cdot 1b)$

$= \underline{34a - 17ab + 10 - 5b}$

3.

a) $x^2 - 16$	**b)** $x^2 - 10x + 25$	**c)** $x^2 + 2x + 1$	**d)** $x^2 - 8x + 16$
☐ 1. Binomische Formel	☐ 1. Binomische Formel	☒ 1. Binomische Formel	☐ 1. Binomische Formel
☐ 2. Binomische Formel	☒ 2. Binomische Formel	☐ 2. Binomische Formel	☒ 2. Binomische Formel
☒ 3. Binomische Formel	☐ 3. Binomische Formel	☐ 3. Binomische Formel	☐ 3. Binomische Formel

Binomische Formeln 1

Regel: 1. Binomische Formel:

$$(a + b)^2 = a^2 + 2 \cdot a \cdot b + b^2$$

quadratisch

$(x + 2)^2 = (x + 2) \cdot (x + 2)$

Variable — Multiplikation von Summen

a = x, b = 2

$= (x \cdot x) + (x \cdot 2) + (2 \cdot x) + (2 \cdot 2)$

$= x^2 + 2x + 2x + 4$

$= x^2 + 4x + 4$ ← Lösung

$(a+b)^2$

1. Rechne mit der Regel. Schreibe in die Lücken.

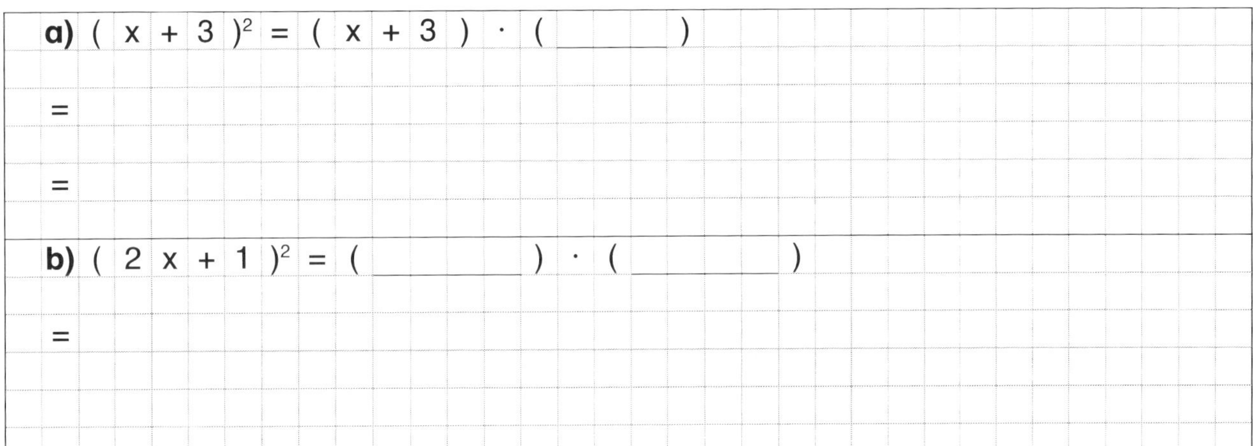

Regel: 2. Binomische Formel:

$$(a - b)^2 = a^2 - 2 \cdot a \cdot b + b^2$$

$(x - 3)^2 = (x)^2 \quad 2 \cdot (x) \cdot (3) + (3)^2$

a = x, b = 3 — a — a — b — b

$= x^2 \quad - 6x \quad + 9$ ← Lösung

2. Rechne mit der Regel.

a) $(x - 5)^2$

$= (x)^2 - 2 \cdot (x) \cdot (5) + (5)^2$

=

b) $(2a - 7)^2$

=

c) $(3 - 2y)^2$

=

Binomische Formeln 2

Regel: 3. Binomische Formel: $(a + b) \cdot (a - b) = a^2 - b^2$

3. Verbinde die richtigen Kästchen.

$(x + 3) \cdot (x - 3)$	$(3 + 3x) \cdot (3 - 3x)$	$(3x + 3) \cdot (3x - 3)$
$9x^2 - 9$	$x^2 - 9$	$9 - 9x^2$

Sarah ermittelt die fehlende Zahl mit der quadratischen Ergänzung.

→ Der Term beschreibt dann eine binomische Formel.

$$x^2 + 8x + 16 = (x + 4)^2$$

a = x; 2 · x · 4 → b = 4

Term: $(x + 4)^2$

4. Schreibe in die Lücken.

a) $x^2 + 12x +$ ______ = (x + ______$)^2$

b) $x^2 - 18$__ + ______ = (______ – ______$)^2$

5. Kreuze (→ ankreuzen) die richtige Lösung an.

a) $x^2 - 16$	**b)** $x^2 - 10x + 25$	**c)** $x^2 + 2x + 1$	**d)** $x^2 - 8x + 16$
☐ 1. Binomische Formel	☐ 1. Binomische Formel	☐ 1. Binomische Formel	☐ 1. Binomische Formel
☐ 2. Binomische Formel	☐ 2. Binomische Formel	☐ 2. Binomische Formel	☐ 2. Binomische Formel
☐ 3. Binomische Formel	☐ 3. Binomische Formel	☐ 3. Binomische Formel	☐ 3. Binomische Formel

1.

a) $(x+3)^2 = (x+3)\cdot(\underline{x+3})$

$= x^2 + (2\cdot x\cdot 3) + 3^2$

$\underline{= x^2 + 6x + 9}$

b) $(2x+1)^2 = (\underline{2x+1})\cdot(\underline{2x+1})$

$= (2x)^2 + (2\cdot 1\cdot 2x) + 1^2$

$= \underline{4x^2 + 4x + 1}$

2.

a) $(x-5)^2$

$= (x)^2 - 2\cdot(x)\cdot(5) + (5)^2$

$\underline{= x^2 - 10x + 25}$

b) $(2a-7)^2$

$= (2a)^2 - 2\cdot(2a)\cdot(7) + (7)^2$

$\underline{= 4a^2 - 28a + 49}$

c) $(3-2y)^2$

$= (3)^2 - 2\cdot(3)\cdot(2y) + (2y)^2$

$\underline{= 9 - 12y + 4y^2}$

3.

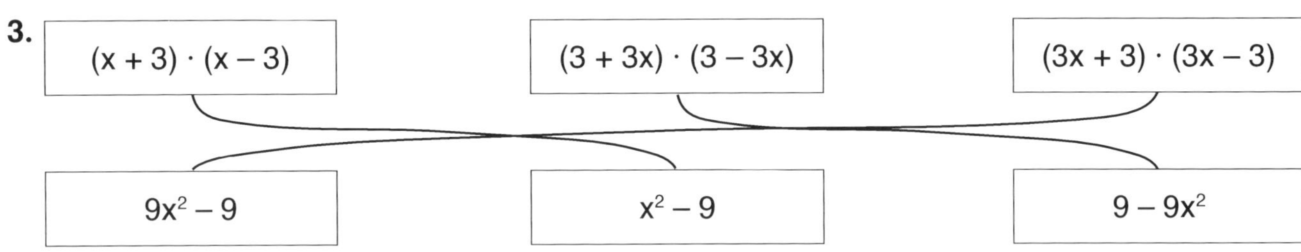

4. a) $x^2 + 12x + \underline{36} = (x + \underline{6})^2$ **b)** $x^2 - 18\underline{x} + \underline{81} = (\underline{x} - \underline{9})^2$

5.

a) $x^2 - 16$	**b)** $x^2 - 10x + 25$	**c)** $x^2 + 2x + 1$	**d)** $x^2 - 8x + 16$
☐ 1. Binomische Formel	☐ 1. Binomische Formel	☒ 1. Binomische Formel	☐ 1. Binomische Formel
☐ 2. Binomische Formel	☒ 2. Binomische Formel	☐ 2. Binomische Formel	☒ 2. Binomische Formel
☒ 3. Binomische Formel	☐ 3. Binomische Formel	☐ 3. Binomische Formel	☐ 3. Binomische Formel

Zinsrechnung		
		der Anteil die Anteile *the ratio*

Anteil = $\frac{1}{4}$ $\frac{20}{20} = 1$

Zinsrechnung		
		die Dezimalzahl die Dezimalzahlen *the decimal number*

3,41

Zinsrechnung		
		der Grundwert die Grundwerte *the base value*

10 % von **200 Autos** = 20 Autos

Grundwert

Zinsrechnung		
		das Kapital die Kapitale *the capital*

100 € · 0,19 = 19 €

Zinsrechnung		
		der Prozentsatz die Prozentsätze *the percentage*

10 % von 200 Autos = 20 Autos

Prozentsatz

Zinsrechnung		
		der Prozentwert die Prozentwerte *the percentage value*

10 % von 200 Autos = **20 Autos**

Prozentwert

Zinsrechnung		
		der Zins **die Zinsen** *the interest*

2 % Zinsen

BANK

Ela erklärt die Prozentrechnung:

> 20 Prozent von
> 60 Radiergummis
> sind 12 Radiergummis.

1. a) Setze (→ einsetzen) die Zahlen in die Tabelle ein.

Radiergummis	Prozent
60	100
______	______

b) Verbinde die richtigen Kästchen.

Rechnung:

60 Radiergummis ·	20 % $\frac{20}{100}$ 0,2	= 12 Radiergummis
Prozentwert	Grundwert	Prozentsatz

2. Kreuze (→ ankreuzen) die richtige Lösung an.

a) 10 % von 120 Autos

- ☐ 10 Autos
- ☐ 12 Autos
- ☐ 1 Auto

b) 30 % von 200 Fernsehern

- ☐ 60 Fernseher
- ☐ 30 Fernseher
- ☐ 120 Fernseher

c) 25 % von 500 €

- ☐ 200 €
- ☐ 100 €
- ☐ 125 €

Ahmed betrachtet die Tafel.

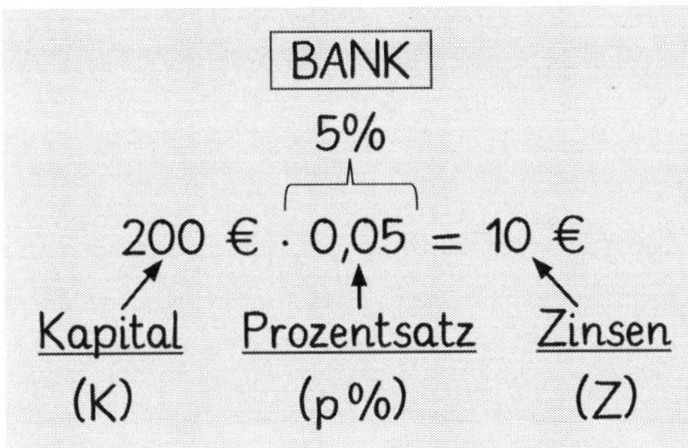

> Zinsen sind für 1 Jahr.

Regel: $Z = K \cdot p\%$

3. Berechne (→ rechnen) die Zinsen.

a) K = 750 €
p % = 10 %

Z = K · p %

Z = 750 € · 0,10

Z = ______

b) K = 1500 €
p % = 2 %

c) K = 990 €
p % = 1 %

Regel: Zinsrechnung:
Kapital · Prozentsatz = Zinsen
K p % Z

1. Berechne (→ rechnen) die Lösung.

a) K = 7000 €
p % = 5 %

K · p % = Z
· = Z
= Z

b) K = 1200 €
Z = 60 €

K · p % = Z | : K
$p\,\% = \frac{Z}{K}$
=
=
=

Laura liest (→ lesen) im Buch.

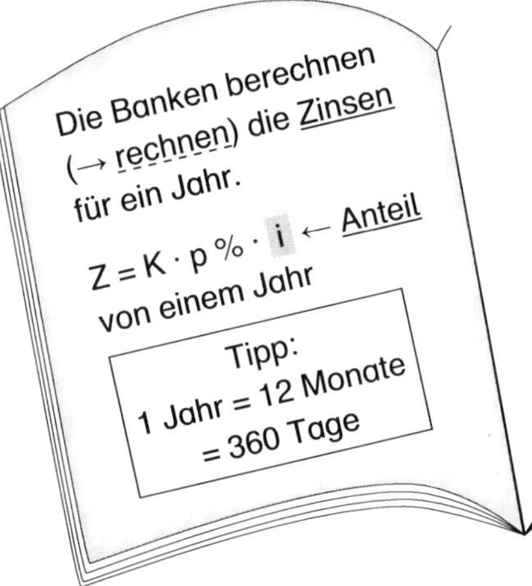

2. Ermittle die Zinsen.

a) K = 1800 €
p % = 3 %
i = $\frac{1}{2}$ Jahr

Z = K · p % · i
Z =

b) K = 480 €
p % = 5 %
i = 7 Monate

c) K = 2300 €
p % = 1,75 %
i = 180 Tage

Zinsrechnung

1. a)

Radiergummis	Prozent
60	100
12	20

b)

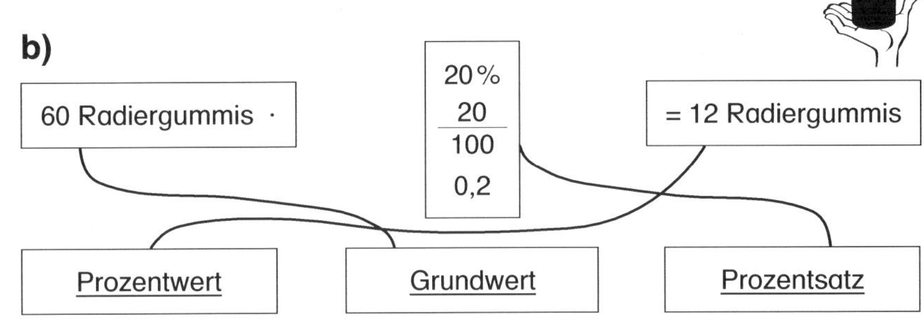

2. a) 10 % von 120 Autos

- ☐ 10 Autos
- ☒ 12 Autos
- ☐ 1 Auto

b) 30 % von 200 Fernsehern

- ☒ 60 Fernseher
- ☐ 30 Fernseher
- ☐ 120 Fernseher

c) 25 % von 500 €

- ☐ 200 €
- ☐ 100 €
- ☒ 125 €

3.

a) K = 750 €
p % = 10 %

Z = K · p %

Z = 750 € · 0,10

Z = 75 €

b) K = 1500 €
p % = 2 %

Z = K · p %

Z = 1500 € · 0,02

Z = 30 €

c) K = 990 €
p % = 1 %

Z = K · p %

Z = 990 € · 0,01

Z = 9,90 €

1.

a) K = 7000 €
p % = 5 %

K · p % = Z

7000 € · 0,05 = Z

350 € = Z

b) K = 1200 €
Z = 60 €

K · p % = Z |: K

$p\,\% = \frac{60\ €}{1200\ €}$

p % = 0,05

p % = 5 %

2.

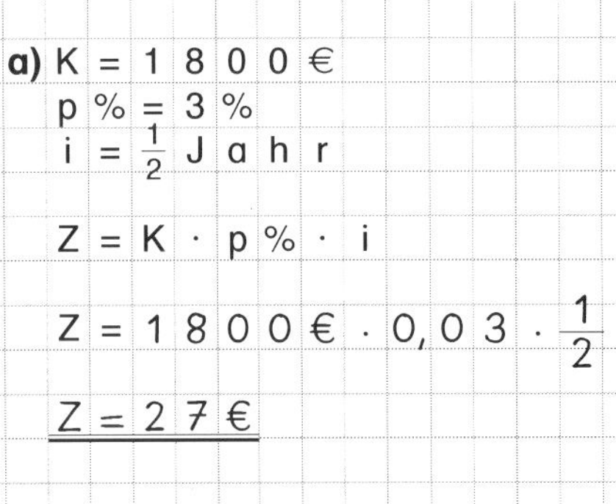

a) K = 1800 €
p % = 3 %
i = $\frac{1}{2}$ Jahr

Z = K · p % · i

Z = 1800 € · 0,03 · $\frac{1}{2}$

Z = 27 €

b) K = 480 €
p % = 5 %
i = 7 Monate

Z = K · p % · i

Z = 480 € · 0,05 · $\frac{7}{12}$

Z = 14 €

c) K = 2300 €
p % = 1,75 %
i = 180 Tage

Z = K · p % · i

Z = 2300 € · 0,0175 · $\frac{180}{360}$

Z = 40,25 € · $\frac{1}{2}$

Z = 20,125 €

Wahrscheinlichkeitsrechnung

Wahrscheinlichkeitsrechnung

		die absolute Häufigkeit die absoluten Häufigkeiten *the absolute frequency*

7 von 10 Schülern.

Wahrscheinlichkeitsrechnung

		das Baumdiagramm die Baumdiagramme *the tree diagram*

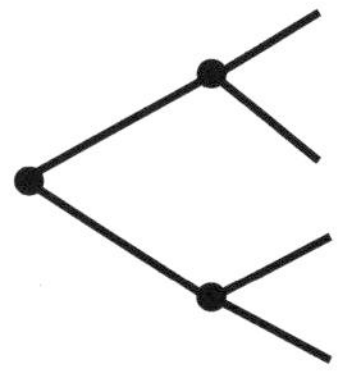

Wahrscheinlichkeitsrechnung

		der Boxplot – *the boxplot*

Wahrscheinlichkeitsrechnung

		der Median die Mediane *the median*

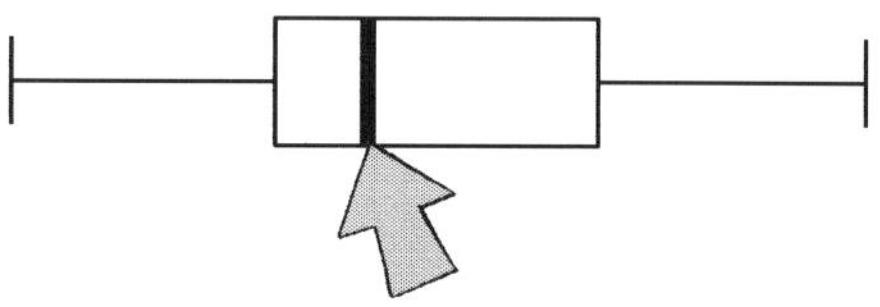

Wahrscheinlichkeitsrechnung

		der Mittelwert die Mittelwerte *the mean value*

Klausur
Durchschnitt
∅ 2,4

Wahrscheinlichkeitsrechnung

		das Quartil die Quartile *the quartile*

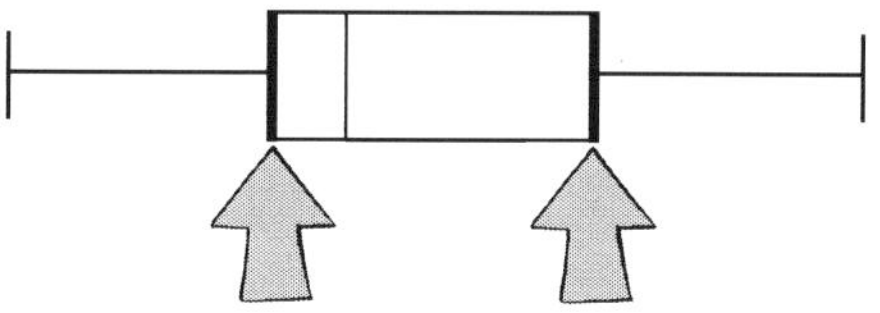

Wahrscheinlichkeitsrechnung

		die Rangliste die Ranglisten *the ranking*

2 kg; 3 kg; 5 kg; 10 kg

Wahrscheinlichkeitsrechnung

		die relative Häufigkeit die relativen Häufigkeiten *the relative frequency*

$$\frac{7}{10} = 0{,}7 = 70\,\%$$

Wahrscheinlichkeitsrechnung

		die Spannweite die Spannweiten *the range*

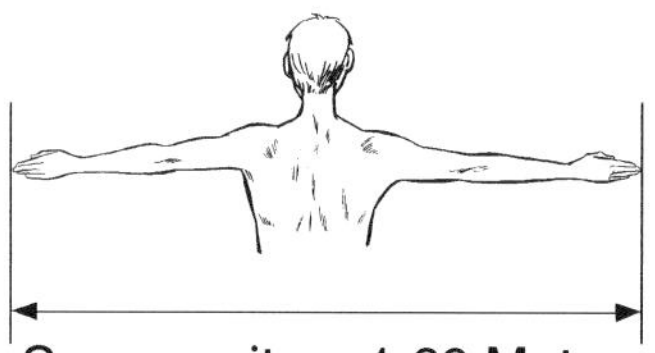

Spannweite = 1,60 Meter

$3 < 5 < 9$

Spannweite: 6

Wahrscheinlichkeitsrechnung

		der Zufallsversuch die Zufallsversuche *the experiment*

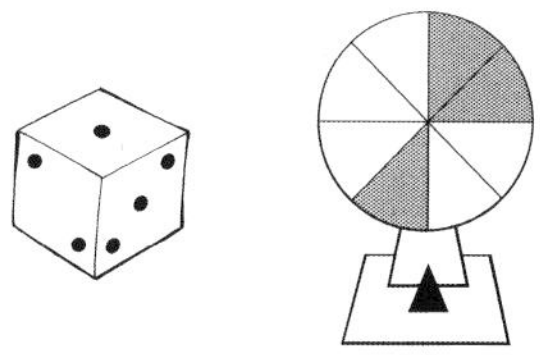

1. Ordne (→ zuordnen) den Aufgaben die richtigen Diagramme zu. Kreuze (→ ankreuzen) den richtigen Buchstaben an.

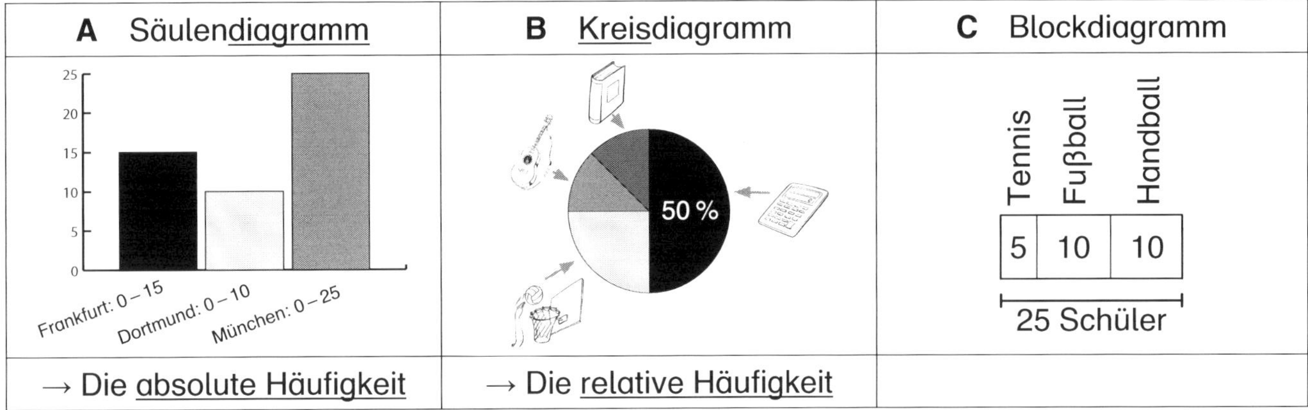

A Säulendiagramm	**B** Kreisdiagramm	**C** Blockdiagramm
→ Die absolute Häufigkeit	→ Die relative Häufigkeit	

Aufgabe	**Diagramm**
25 % der Schüler spielen Basketball.	☐ **A** ☐ **B** ☐ **C**
25 Schüler sind Fans vom Fußballclub in München.	☐ **A** ☐ **B** ☐ **C**
5 von 25 Schülern spielen Tennis.	☐ **A** ☐ **B** ☐ **C**

2. Kevin betrachtet den Boxplot „Taschengeld".

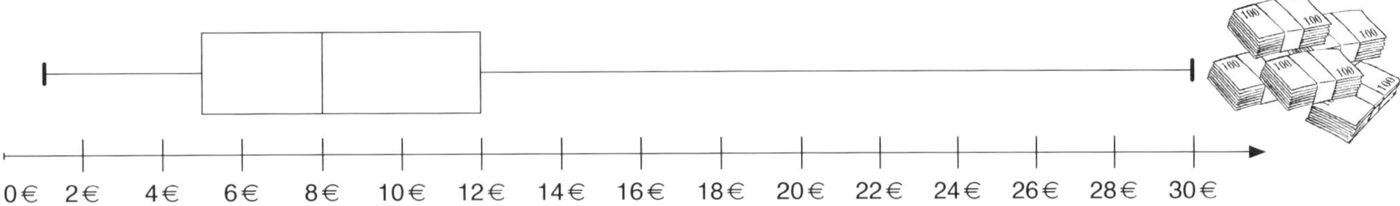

Rangliste: 1; 5; 7; 8; 10; 12; 30

Verbinde die richtigen Kästchen.

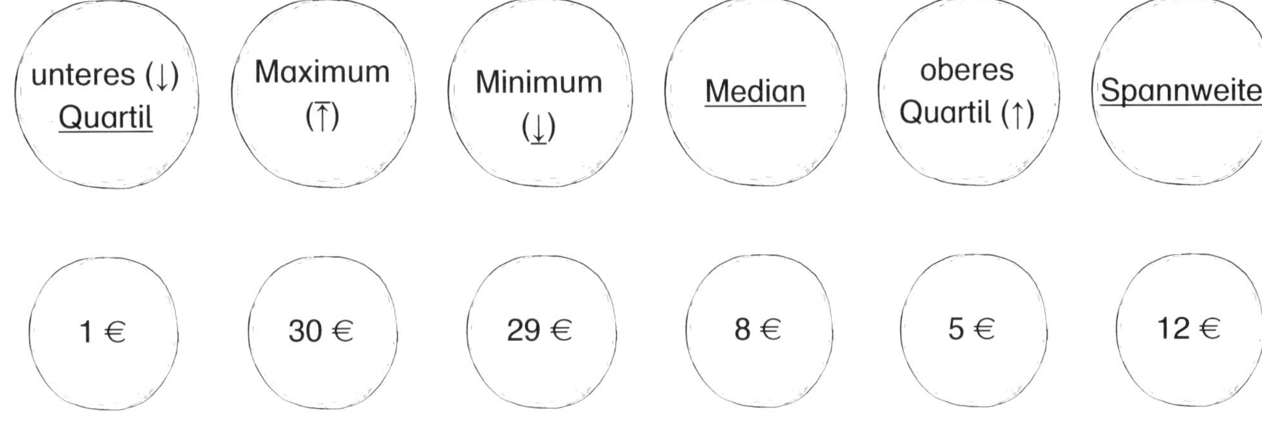

3. Familie Pettersen misst (→ messen) ihre Körpergrößen.

Frederic	Mama	Papa	Laura	Marco
1,76 m	1,70 m	1,81 m	1,67 m	1,79 m

Schreibe die Größen in aufsteigender (↑) Reihenfolge in die Lücken.

Rangliste: 1,67 m; ______; ______; ______; ______

4. Ermittle die Mittelwerte.

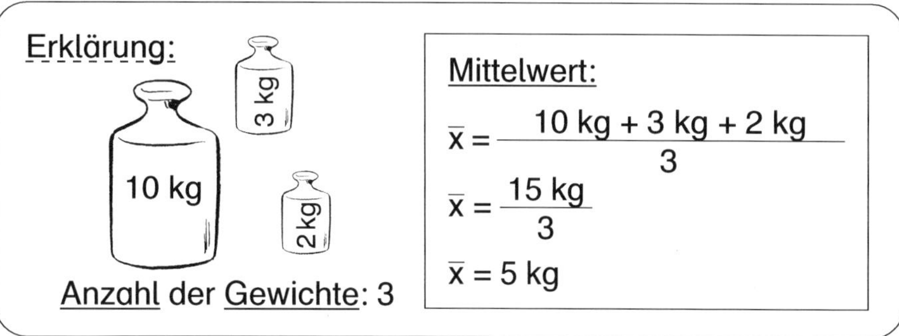

a) 27 kg; 46 kg; 13 kg; 18 kg $\bar{x} = \frac{\_\_\_\_\_\_\_\_}{4}$

= ______________

b) 1,70 m; 1,68 m; 1,81 m $\bar{x} =$ ______________

= ______________

c) 236 €; 149 €; 87 €; 174 €; 149 € $\bar{x} =$ ______________

= ______________

5. Schreibe die richtigen Zahlen in die Vierfeldertafeln (→ Tabellen).

a)	Anzahl Jungen	Anzahl Mädchen	Summe
Schere	5	12	
keine Schere	10	8	
Summe			

b)	Anzahl Jungen	Anzahl Mädchen	Summe
Textmarker	17		38
kein Textmaker			14
Summe	26		

1.

Aufgabe	Diagramm
25 % der Schüler spielen Basketball.	☐ A ☒ B ☐ C
25 Schüler sind Fans vom Fußballclub in München.	☒ A ☐ B ☐ C
5 von 25 Schülern spielen Tennis.	☐ A ☐ B ☒ C

2.

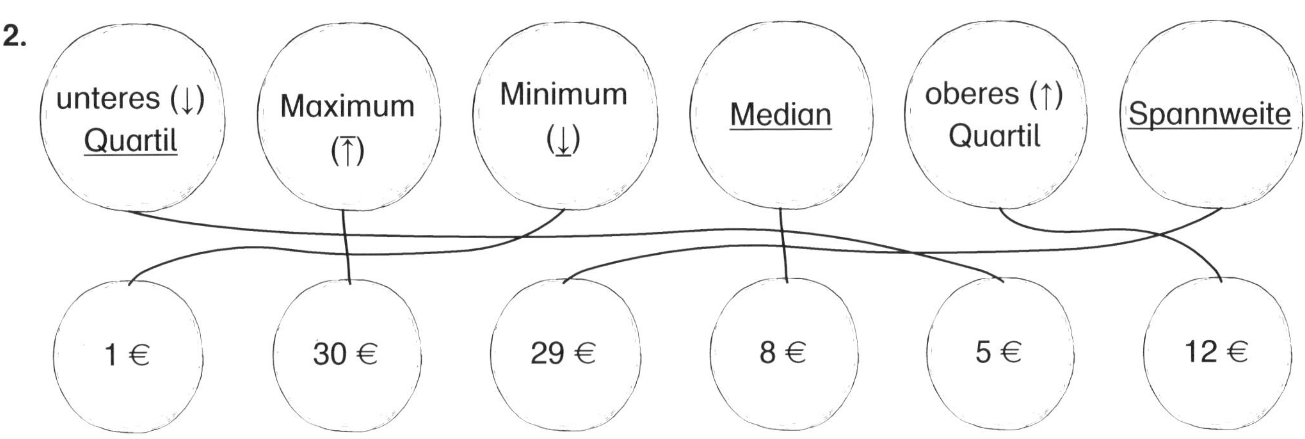

3. Rangliste: 1,67 m; 1,70 m; 1,76 m; 1,79 m; 1,81 m

4. a) $\bar{x} = \frac{27\text{ kg} + 46\text{ kg} + 13\text{ kg} + 18\text{ kg}}{4} = \frac{104\text{ kg}}{4} = 26\text{ kg}$

b) $\bar{x} = \frac{1{,}70\text{ m} + 1{,}68\text{ m} + 1{,}81\text{ m}}{3} = \frac{5{,}19\text{ m}}{3} = 1{,}73\text{ m}$

c) $\bar{x} = \frac{236\text{ €} + 149\text{ €} + 87\text{ €} + 174\text{ €} + 149\text{ €}}{5} = \frac{795\text{ €}}{5} = 159\text{ €}$

5.

a)	Anzahl Jungen	Anzahl Mädchen	Summe
Schere	5	12	17
keine Schere	10	8	18
Summe	15	20	35

b)	Anzahl Jungen	Anzahl Mädchen	Summe
Textmarker	17	21	38
kein Textmaker	9	5	14
Summe	26	26	52

Familie May ist mit Familie Zimmer im Urlaub.

Familie May:
1,83 m; 81 kg
1,70 m; 59 kg

1,65 m; 51 kg
1,62 m; 47 kg

Familie Zimmer:
1,81 m; 78 kg
1,82 m; 70 kg

1,75 m; 69 kg

1. Ermittle die Mittelwerte:

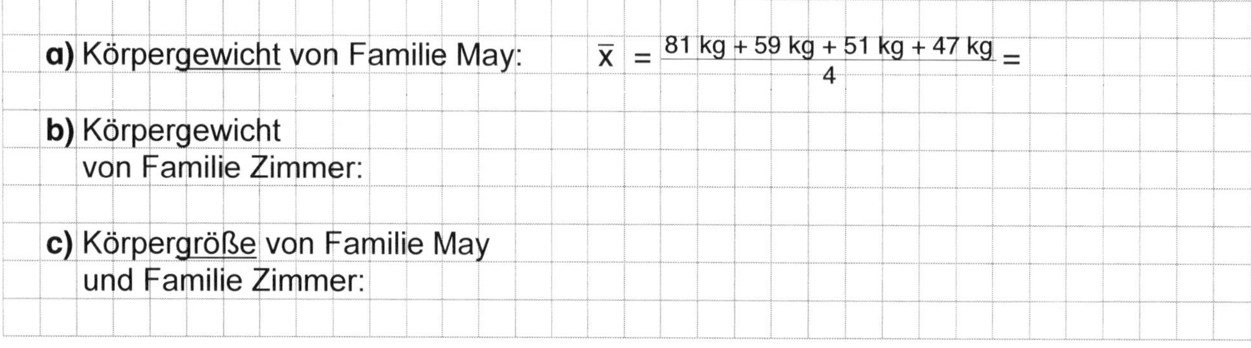

a) Körpergewicht von Familie May: $\bar{x} = \frac{81\text{ kg} + 59\text{ kg} + 51\text{ kg} + 47\text{ kg}}{4} =$

b) Körpergewicht von Familie Zimmer:

c) Körpergröße von Familie May und Familie Zimmer:

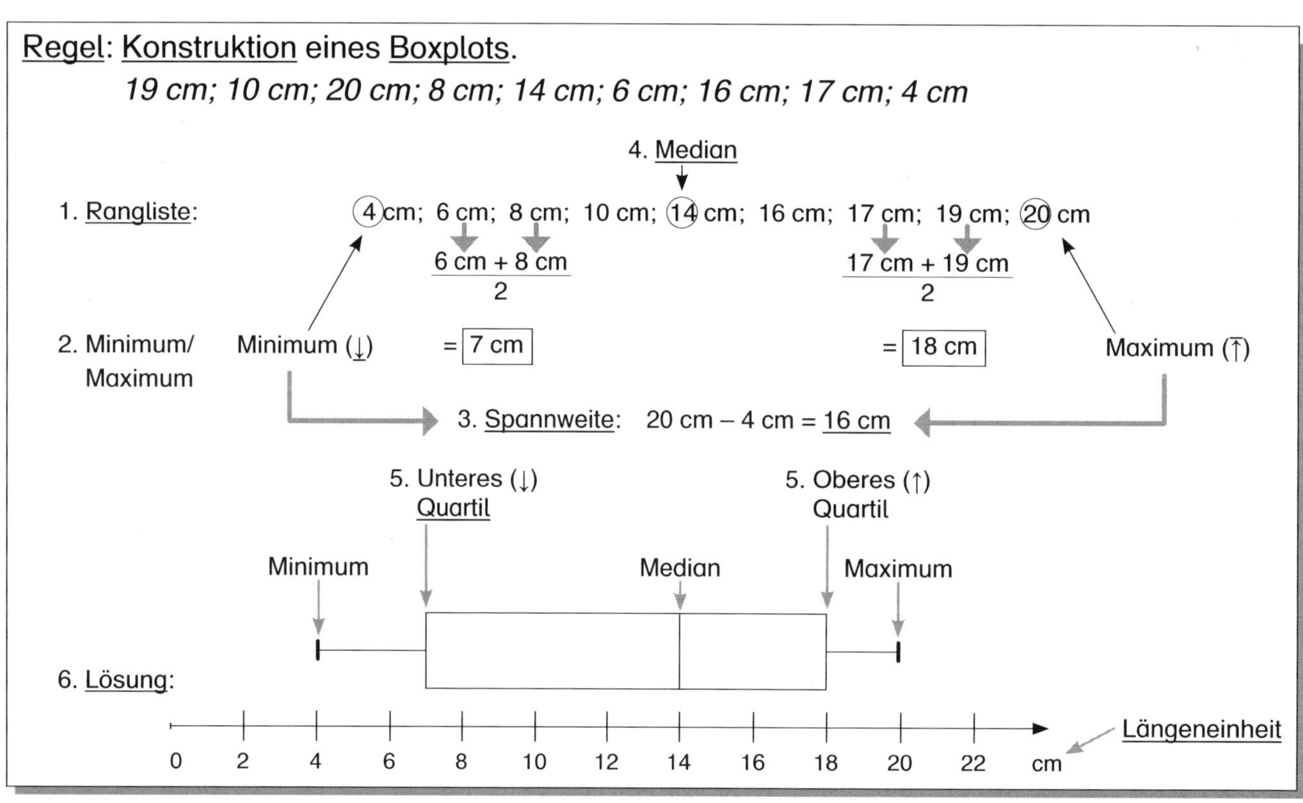

Regel: Konstruktion eines Boxplots.

19 cm; 10 cm; 20 cm; 8 cm; 14 cm; 6 cm; 16 cm; 17 cm; 4 cm

2. Ermittle einen Boxplot zu den Körpergewichten von Familie May und Familie Zimmer aus Aufgabe 1.

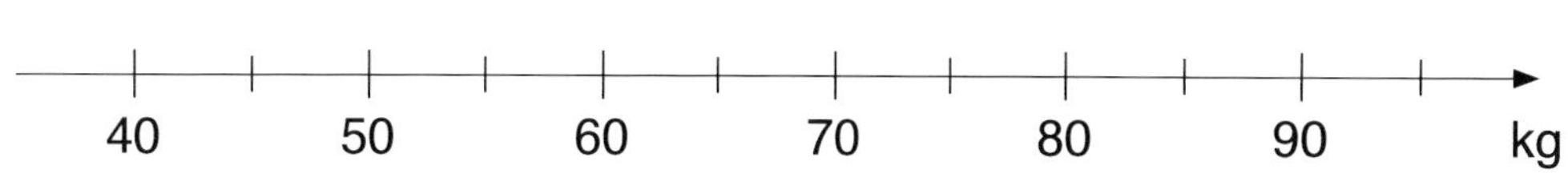

3. Überlege und schreibe in die Lücken.

Aufgabe	Die absolute Häufigkeit	Die relative Häufigkeit
In der Klasse sind 28 Schüler. Pizza: ~~||||~~ ||	___ (von ___)	☐ = 0,____ = ____%
In der Klasse sind 25 Schüler. Davon haben Kevin, Sinan, Mert, Laura und Ela ein Smartphone.	___ (von ___)	☐ = 0,____ = ____%

4. Schreibe die richtigen Zahlen in die Vierfeldertafeln (→ Tabellen).

a)	Anzahl Jungen	Anzahl Mädchen	Summe
schwimmen		8	
schwimmen nicht	3		
Summe	22		47

b) In der Schule arbeiten 20 Lehrerinnen und 12 Lehrer. Davon spielen zwei Lehrerinnen und drei Lehrer Gitarre.

	Anzahl Lehrer	Anzahl Lehrerinnen	Summe
Gitarre			
keine Gitarre			
Summe			

5. Abdullah betrachtet den Zufallsversuch und zeichnet ein Baumdiagramm.

Weiße Kugel → Niete (N)

Schwarze Kugel → Gewinn (G)

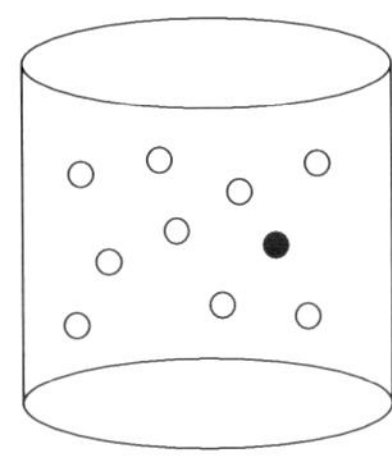

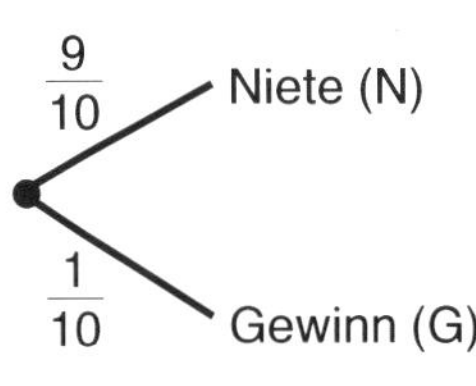

Zeichne die Baumdiagramme in dein Heft.

a) Glücksrad mit acht Feldern

Gewinn (G) →

b) Lostopf mit 150 Losen

→ 10 Gewinne

→ 140 Nieten

1.

a) $\bar{x} = \frac{81\text{ kg} + 59\text{ kg} + 51\text{ kg} + 47\text{ kg}}{4} = \frac{238\text{ kg}}{4} = 59{,}5\text{ kg}$

b) $\bar{x} = \frac{78\text{ kg} + 70\text{ kg} + 69\text{ kg}}{3} = \frac{217\text{ kg}}{3} \approx 72{,}3\text{ kg}$

c) $\bar{x} = \frac{1{,}83\text{ m} + 1{,}70\text{ m} + 1{,}65\text{m} + 1{,}62\text{ m} + 1{,}81\text{ m} + 1{,}82\text{ m} + 1{,}75\text{ m}}{7} = \frac{12{,}18\text{ m}}{7} = 1{,}74\text{ m}$

2.

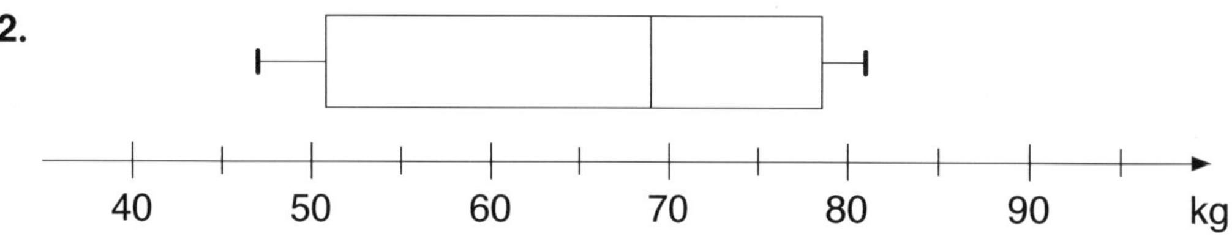

1. Rangliste: 47 kg; 51 kg; 59 kg; 69 kg; 70 kg; 78 kg; 81 kg
2. Minimum / Maximum: 47 kg / 81 kg
3. Spannweite: 81 kg – 47 kg = 34 kg
4. Median: 69 kg
5. Unteres Quartil: 51 kg
   Oberes Quartil: 78 kg

3.

Aufgabe	Die absolute Häufigkeit	Die relative Häufigkeit
In der Klasse sind 28 Schüler. Pizza: 卌 II	7 (von 28)	$\frac{7}{28}$ = 0,25 = 25%
In der Klasse sind 25 Schüler. Davon haben Kevin, Sinan, Mert, Laura und Ela ein Smartphone.	5 (von 25)	$\frac{5}{25}$ = 0,2 = 20%

4.

a)	Anzahl Jungen	Anzahl Mädchen	Summe
schwimmen	19	8	27
schwimmen nicht	3	17	20
Summe	22	25	47

b)	Anzahl Lehrer	Anzahl Lehrerinnen	Summe
Gitarre	3	2	5
keine Gitarre	9	18	27
Summe	12	20	32

5. a) **b)**

Potenz und Wurzel

Potenz und Wurzel

		die Basis die Basen *the base*

$$a^2 = a \cdot a$$

$$3^2 = 9$$

Potenz und Wurzel

		der Exponent die Exponenten *the exponent*

$$3^2 = 9$$

$$a^2 = a \cdot a$$

Potenz und Wurzel

		die Kubikwurzel die Kubikwurzeln *the cube root*

$$\sqrt[3]{a^3} = \sqrt[3]{a \cdot a \cdot a} = a$$

$$\sqrt[3]{8} = 2$$

Potenz und Wurzel

		die Kubikzahl die Kubikzahlen *the cube number*

$$a^3 = a \cdot a \cdot a$$

$$2^3 = 2 \cdot 2 \cdot 2 = 8$$

Potenz und Wurzel

potenzieren potenziere! *to raise to a higher power*		**die Potenz** die Potenzen *the power*

$$3^2 = 9$$

$$2^3 = 8$$

Potenz und Wurzel

		die Quadratzahl die Quadratzahlen *the square number*

$$a^2 = a \cdot a$$

$$2^2 = 2 \cdot 2 = 4$$

$$6^2 = 36$$

Potenz und Wurzel

		der Radikand die Radikanden *the radicand*

$$\sqrt{a} = \sqrt[2]{a}$$

$$\sqrt{4} = \sqrt{2 \cdot 2} = 2$$

Potenz und Wurzel

		die Zehnerpotenz die Zehnerpotenzen *the power of ten*

$$1{,}7 \cdot 10^3$$

Sinan betrachtet die Quadratzahlen.

$1^2 = 1 \cdot 1 = 1$	$2^2 = 2 \cdot 2 = 4$	$3^2 = 3 \cdot 3 = 9$

1. Schreibe in die Lücken.

4^2 = ________ = ________	5^2 = ________ = ________	6^2 = ________ = ________
7^2 = ________ = ________	8^2 = ________ = ________	9^2 = ________ = ________
10^2 = ________ = ________	11^2 = ________ = ________	12^2 = ________ = ________
13^2 = ________ = ________	14^2 = ________ = ________	15^2 = ________ = ________
16^2 = ________ = ________	17^2 = ________ = ________	18^2 = ________ = ________
19^2 = ________ = ________	20^2 = ________ = ________	

Regel: Quadratzahl ⟷ Quadratwurzel

$5^2 = 5 \cdot 5 = 25$ ⟷ $\sqrt{25} = \sqrt{5 \cdot 5} = \sqrt{5^2} = 5$

2. Berechne (→ rechnen) die Quadratwurzel.

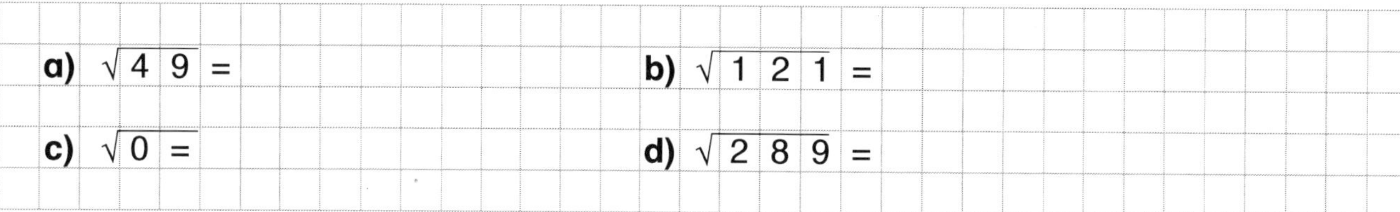

Regel: Kubikzahl ⟷ Kubikwurzel

$2^3 = 2 \cdot 2 \cdot 2 = 8$ ⟷ $\sqrt[3]{8} = \sqrt[3]{2 \cdot 2 \cdot 2} = \sqrt[3]{2^3} = 2$

3. Schreibe in die Kästchen.

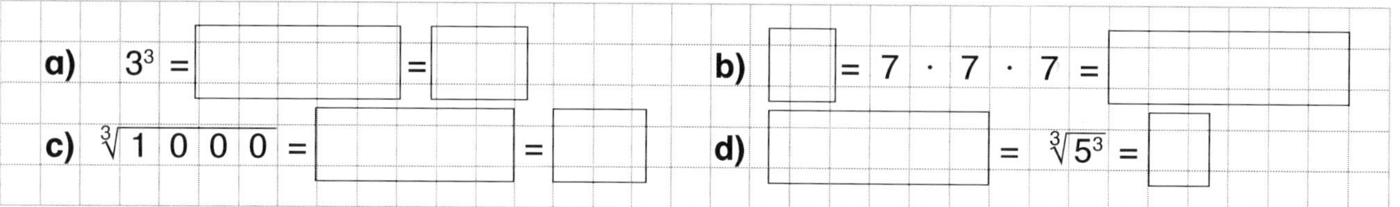

4. Verbinde die richtigen Kästchen.

361	$\sqrt[3]{216}$	8	14^2
6	$\sqrt{196}$	19^2	2^3

Arbeitsblatt — Potenz und Wurzel

Regel: Potenz

$2^4 = 2 \cdot 2 \cdot 2 \cdot 2 = 16$ ⟷ $\sqrt[4]{16} = \sqrt[4]{2 \cdot 2 \cdot 2 \cdot 2} = \sqrt[4]{2^4} = 2$

Basis Exponent

1. Berechne (→ rechnen) die Quadratzahlen und die Kubikzahlen.

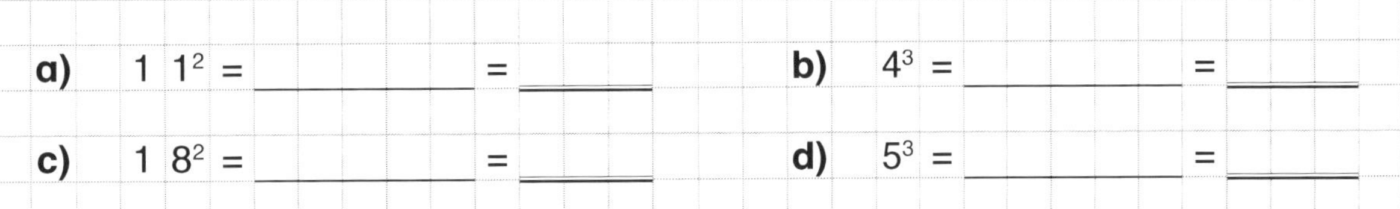

a) 11^2 = ________ = ____ **b)** 4^3 = ________ = ____

c) 18^2 = ________ = ____ **d)** 5^3 = ________ = ____

Regel:

(I) $a^m \cdot a^n = a^{m+n}$ (II) $a^m : a^n = a^{m-n}$

(III) $a^m \cdot b^m = (a \cdot b)^m$ (IV) $a^m : b^m = (a : b)^m$

(V) $(a^m)^n = a^{m \cdot n}$

2. Rechne mit den Regeln.

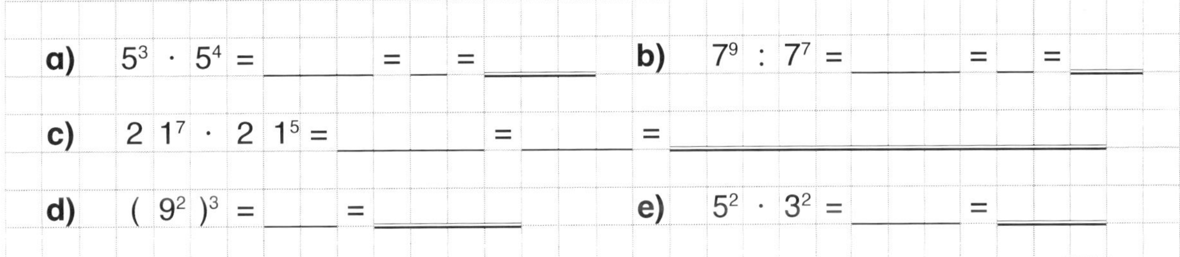

a) $5^3 \cdot 5^4$ = ______ = ___ = ______ **b)** $7^9 : 7^7$ = ______ = ___ = ______

c) $21^7 \cdot 21^5$ = ______ = ______ = ____________

d) $(9^2)^3$ = ____ = ______ **e)** $5^2 \cdot 3^2$ = ______ = ______

3. Überprüfe die Wurzeln und die Kubikwurzeln. Kreuze (→ ankreuzen) die richtige Lösung an.

Beispiel: $\sqrt{25} = \sqrt{5^2} = 5$ ☒ *richtig* ☐ *falsch* $\sqrt[3]{8} = \sqrt[3]{2^3} = 2$ ☒ *richtig* ☐ *falsch*

↑ Radikand

a) $\sqrt{81} = 9$	☐ *richtig* ☐ *falsch*	**b)** $\sqrt[3]{27} = 4$	☐ *richtig* ☐ *falsch*	**c)** $\sqrt[3]{1000} = 10$	☐ *richtig* ☐ *falsch*

4. Der Lehrer erklärt die Zehnerpotenz.

$1{,}6 \cdot 10^3 = 1{,}6 \cdot (10 \cdot 10 \cdot 10) = 1{,}6 \cdot 1000 = 1600$

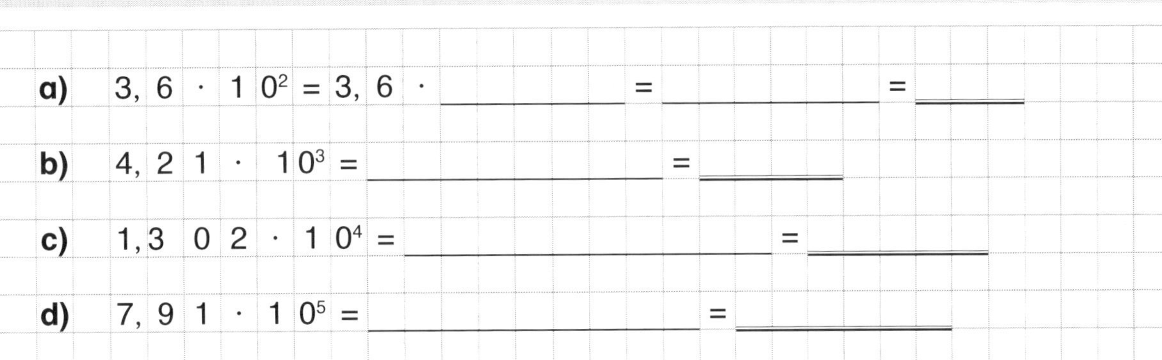

a) $3{,}6 \cdot 10^2 = 3{,}6 \cdot$ ________ = ________ = ______

b) $4{,}21 \cdot 10^3$ = ____________ = ______

c) $1{,}302 \cdot 10^4$ = ____________ = ______

d) $7{,}91 \cdot 10^5$ = ____________ = ______

Potenz und Wurzel

1.

$4^2 = 4 \cdot 4 = 16$	$5^2 = 5 \cdot 5 = 25$	$6^2 = 6 \cdot 6 = 36$
$7^2 = 7 \cdot 7 = 49$	$8^2 = 8 \cdot 8 = 64$	$9^2 = 9 \cdot 9 = 81$
$10^2 = 10 \cdot 10 = 100$	$11^2 = 11 \cdot 11 = 121$	$12^2 = 12 \cdot 12 = 144$
$13^2 = 13 \cdot 13 = 169$	$14^2 = 14 \cdot 14 = 196$	$15^2 = 15 \cdot 15 = 225$
$16^2 = 16 \cdot 16 = 256$	$17^2 = 17 \cdot 17 = 289$	$18^2 = 18 \cdot 18 = 324$
$19^2 = 19 \cdot 19 = 361$	$20^2 = 20 \cdot 20 = 400$	

2.

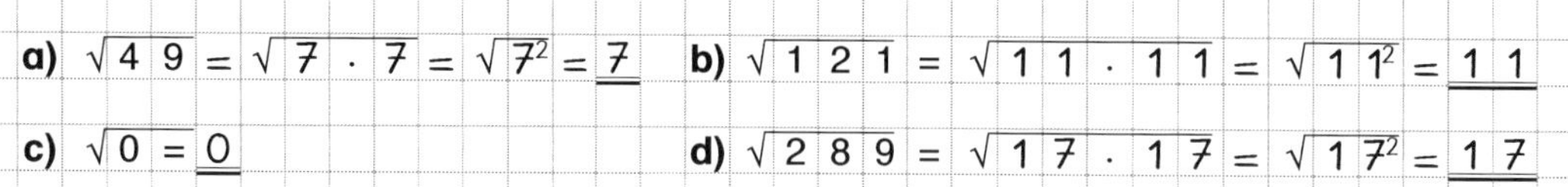

a) $\sqrt{49} = \sqrt{7 \cdot 7} = \sqrt{7^2} = \underline{\underline{7}}$ **b)** $\sqrt{121} = \sqrt{11 \cdot 11} = \sqrt{11^2} = \underline{\underline{11}}$

c) $\sqrt{0} = \underline{\underline{0}}$ **d)** $\sqrt{289} = \sqrt{17 \cdot 17} = \sqrt{17^2} = \underline{\underline{17}}$

3.

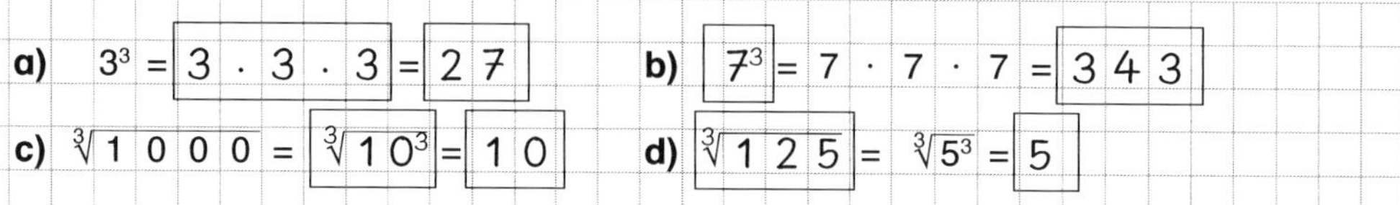

a) $3^3 = 3 \cdot 3 \cdot 3 = 27$ **b)** $7^3 = 7 \cdot 7 \cdot 7 = 343$

c) $\sqrt[3]{1000} = \sqrt[3]{10^3} = 10$ **d)** $\sqrt[3]{125} = \sqrt[3]{5^3} = 5$

4.

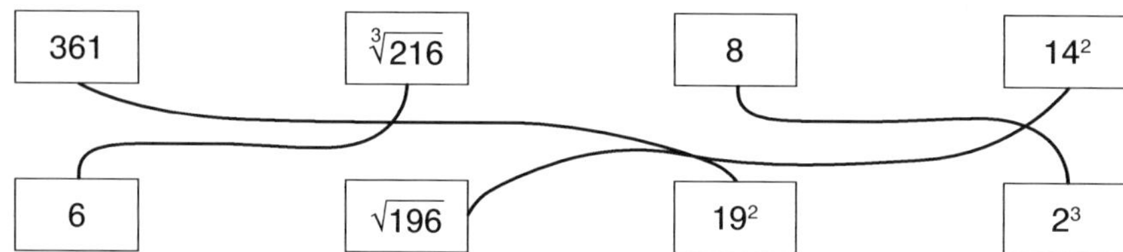

1.

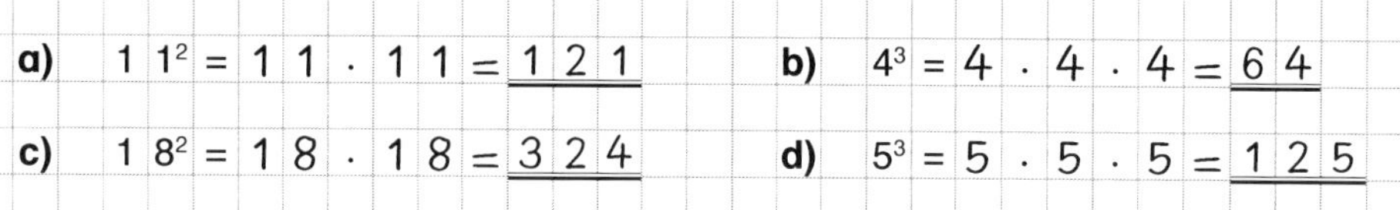

a) $11^2 = 11 \cdot 11 = \underline{\underline{121}}$ **b)** $4^3 = 4 \cdot 4 \cdot 4 = \underline{\underline{64}}$

c) $18^2 = 18 \cdot 18 = \underline{\underline{324}}$ **d)** $5^3 = 5 \cdot 5 \cdot 5 = \underline{\underline{125}}$

2.

a) $5^3 \cdot 5^4 = 5^{3+4} = 5^7 = \underline{\underline{78125}}$ **b)** $7^9 : 7^7 = 7^{9-7} = 7^2 = \underline{\underline{49}}$

c) $21^7 \cdot 21^5 = 21^{7+5} = 21^{12} = \underline{\underline{7.355827511e+15}}$

d) $(9^2)^3 = 9^6 = \underline{\underline{531441}}$ **e)** $5^2 \cdot 3^2 = 15^2 = \underline{\underline{225}}$

3.

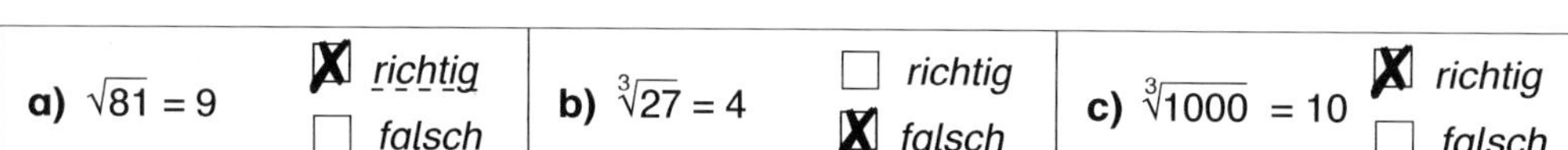

a) $\sqrt{81} = 9$ ☒ richtig ☐ falsch	**b)** $\sqrt[3]{27} = 4$ ☐ richtig ☒ falsch	**c)** $\sqrt[3]{1000} = 10$ ☒ richtig ☐ falsch

4.

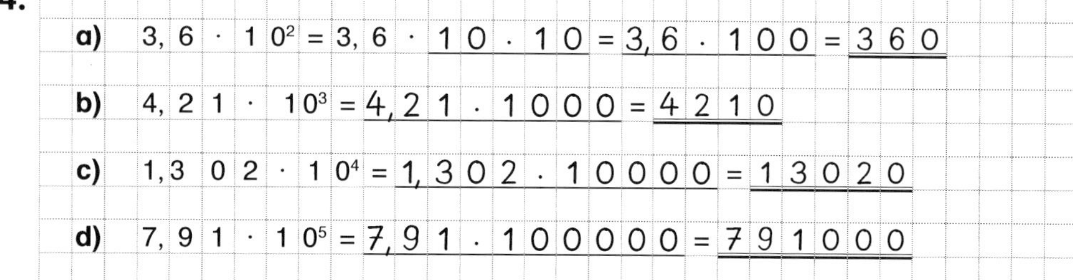

a) $3{,}6 \cdot 10^2 = 3{,}6 \cdot 10 \cdot 10 = 3{,}6 \cdot 100 = \underline{\underline{360}}$

b) $4{,}21 \cdot 10^3 = 4{,}21 \cdot 1000 = \underline{\underline{4210}}$

c) $1{,}302 \cdot 10^4 = 1{,}302 \cdot 10000 = \underline{\underline{13020}}$

d) $7{,}91 \cdot 10^5 = 7{,}91 \cdot 100000 = \underline{\underline{791000}}$

Lineare Funktionen

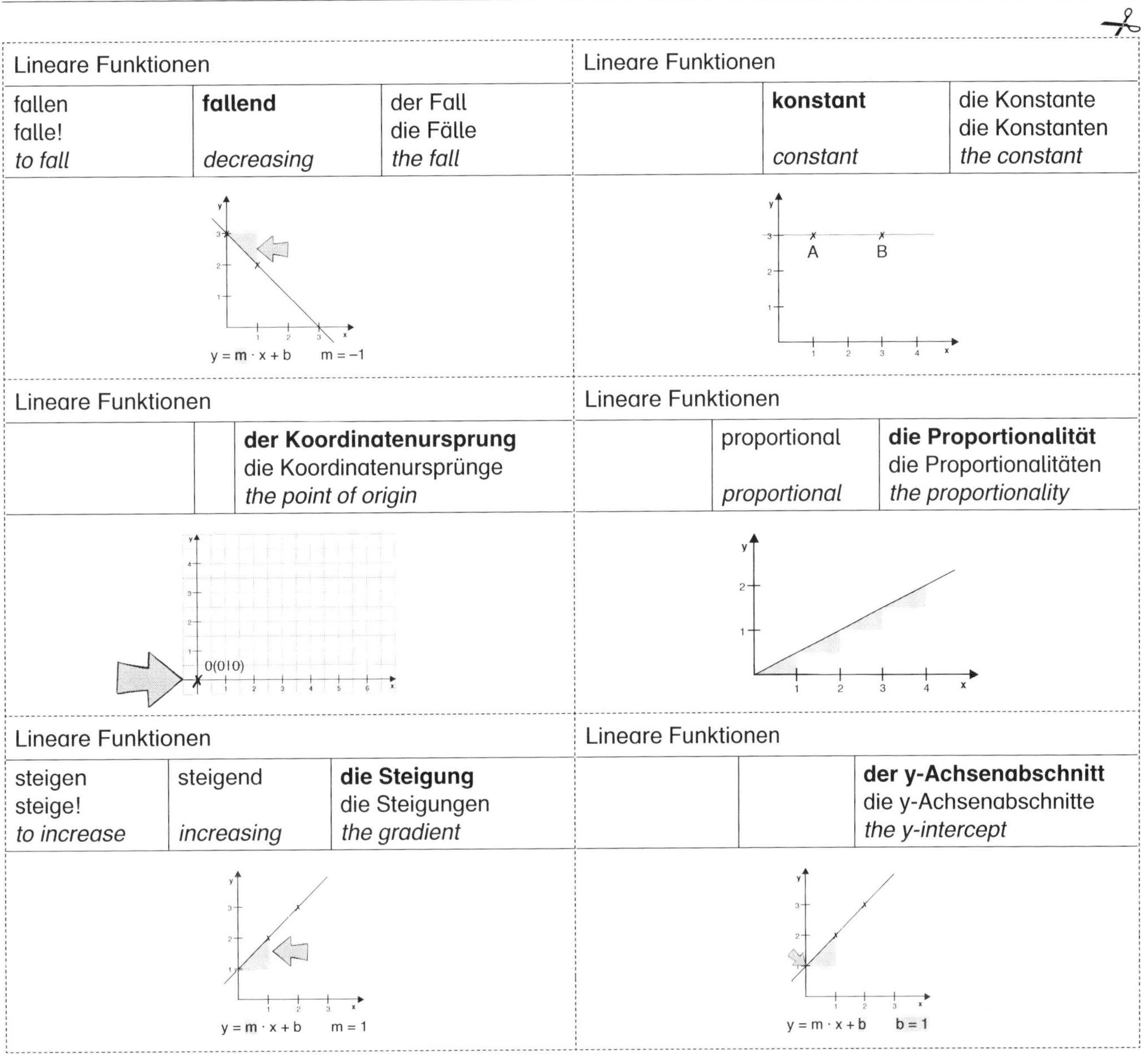

Lineare Funktionen

fallen falle! *to fall*	**fallend** *decreasing*	der Fall die Fälle *the fall*

Lineare Funktionen

	konstant *constant*	die Konstante die Konstanten *the constant*

Lineare Funktionen

		der Koordinatenursprung die Koordinatenursprünge *the point of origin*

Lineare Funktionen

	proportional *proportional*	**die Proportionalität** die Proportionalitäten *the proportionality*

Lineare Funktionen

steigen steige! *to increase*	steigend *increasing*	**die Steigung** die Steigungen *the gradient*

Lineare Funktionen

		der y-Achsenabschnitt die y-Achsenabschnitte *the y-intercept*

Havva zeichnet ein Koordinatensystem und setzt (→ einsetzen) die Punkte A (1|3) und B (3|3) ein.

1. Verbinde die Punkte mit einem spitzen Bleistift und einem Lineal.

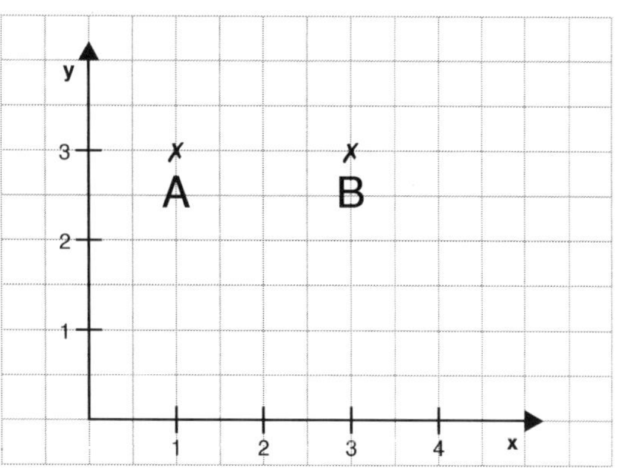

Regel:
Das ist eine konstante Funktion. (y = 3)

Regel: Proportionale Funktion

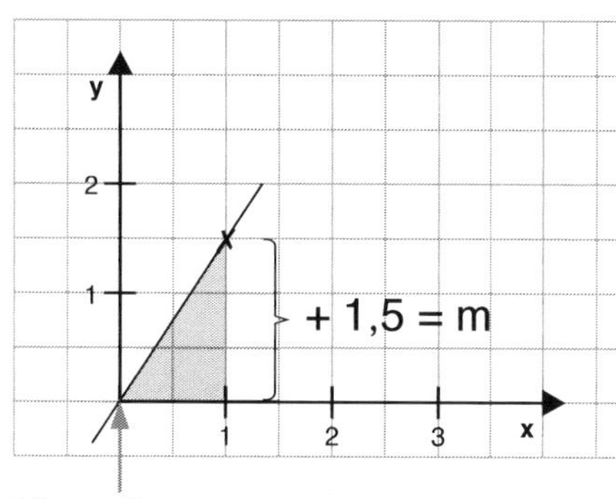

Koordinatenursprung

$y = m \cdot x$ → Funktionsgleichung

$m = +1{,}5$

$\rightarrow y = +1{,}5 \cdot x$

2. Zeichne die proportionalen Funktionen in die Koordinatensysteme mit einem spitzen Bleistift und einem Geodreieck ein.

a) $y = 2 \cdot x$

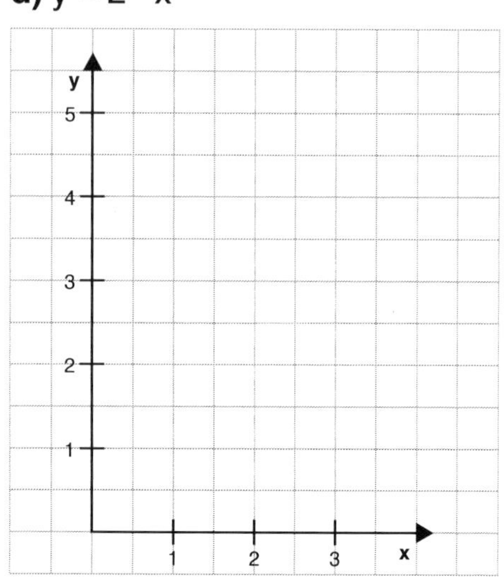

b) $y = 0{,}5 \cdot x$

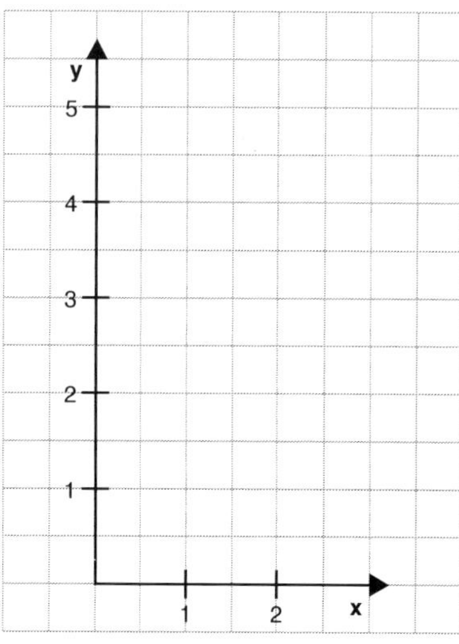

c) $y = -1 \cdot x$

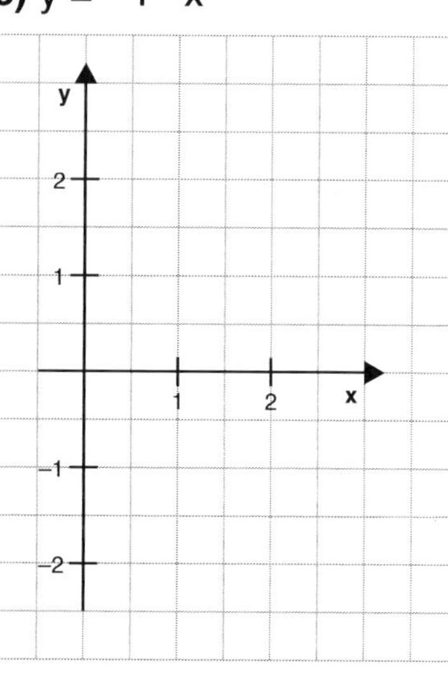

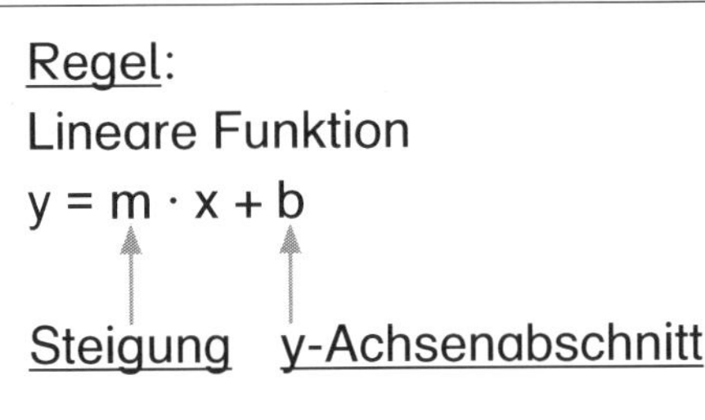

Regel:
Lineare Funktion
$y = m \cdot x + b$

Steigung (m) y-Achsenabschnitt (b)

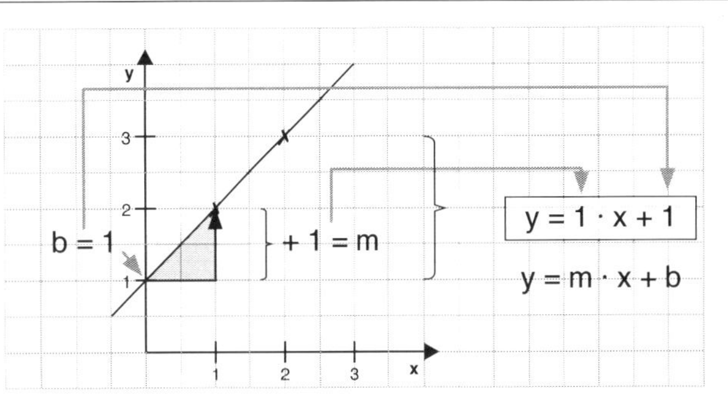

3. Schreibe die Funktionsgleichung in die Lücken.

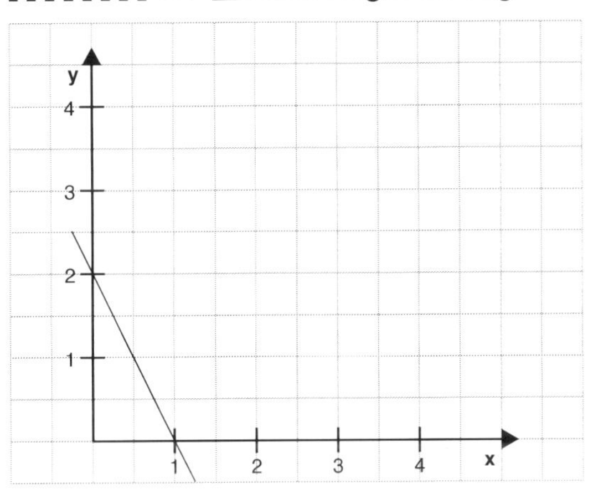

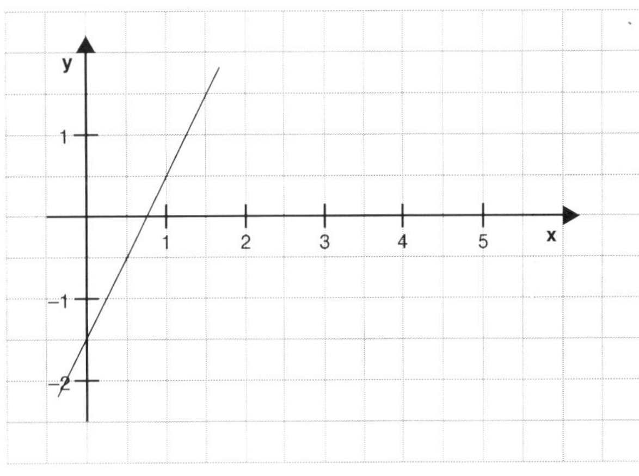

a) $y =$ ______ $\cdot x +$ ______

b) $y =$ ______ $\cdot x -$ ______

4. Zeichne die linearen Funktionen in die Koordinatensysteme ein.

a) $y = -0{,}5 \cdot x + 3$

b) $y = 3 \cdot x - 2$

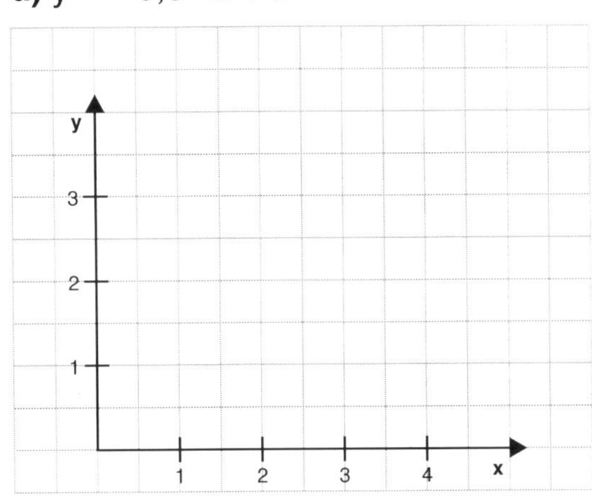

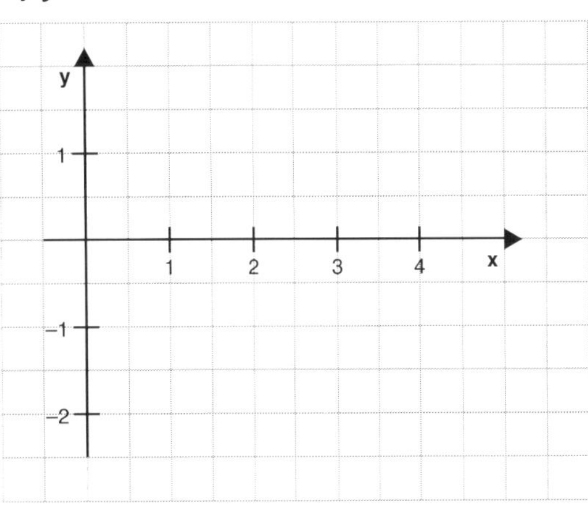

1.

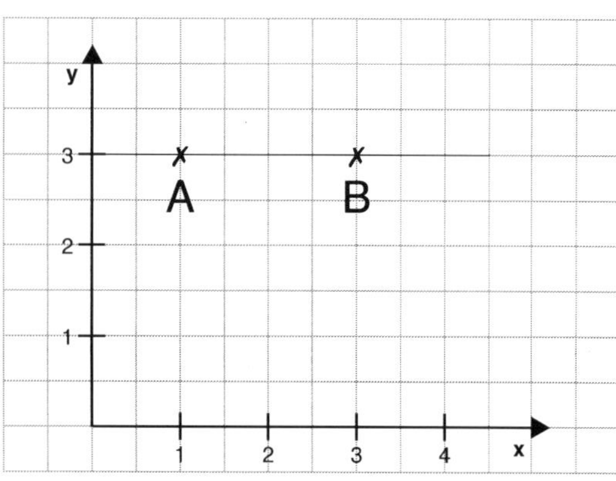

2. a) $y = 2 \cdot x$ **b)** $y = 0{,}5 \cdot x$ **c)** $y = -1 \cdot x$

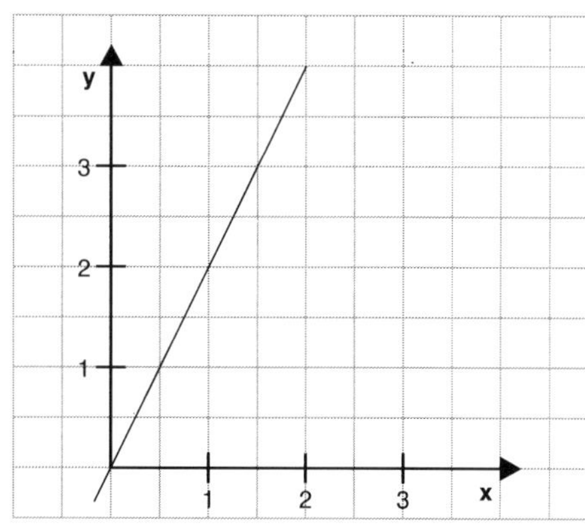

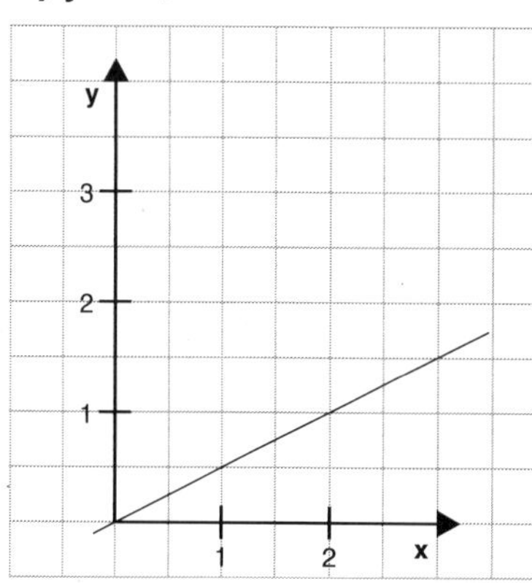

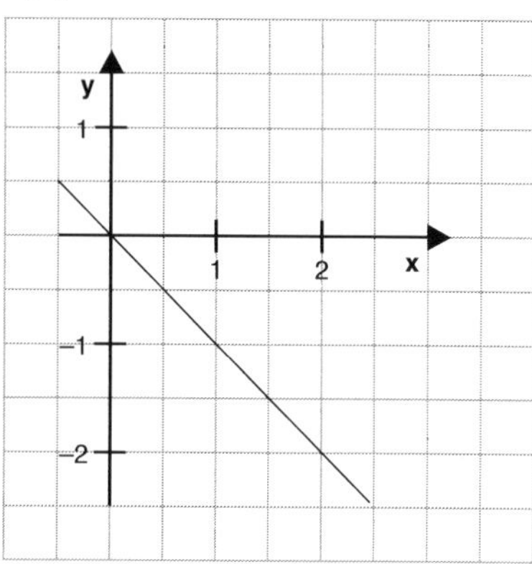

3.

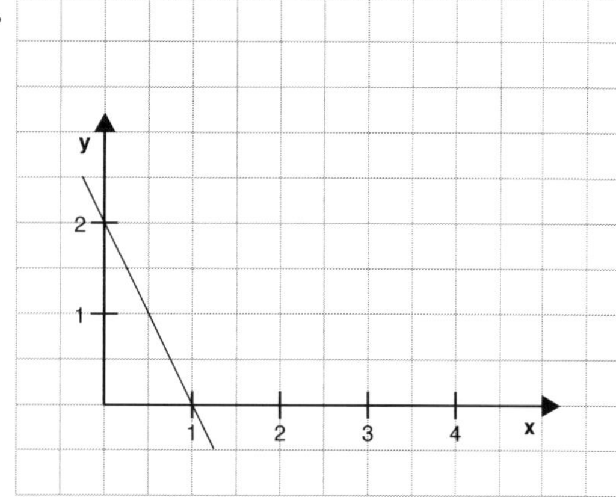

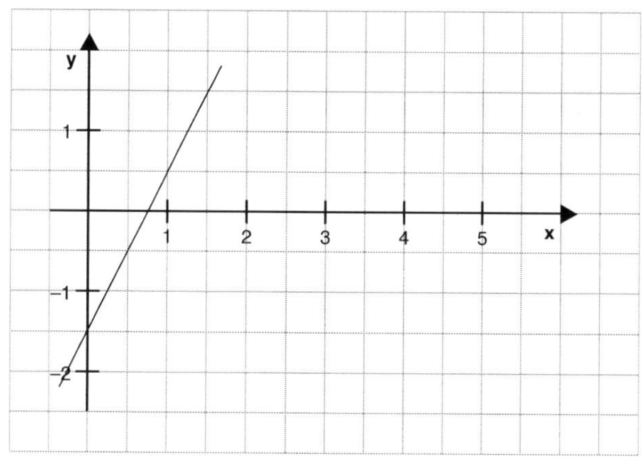

a) $y = \underline{-2} \cdot x + \underline{2}$ **b)** $y = \underline{2} \cdot x - \underline{1{,}5}$

4. a) $y = -0{,}5 \cdot x + 3$ **b)** $y = 3 \cdot x - 2$

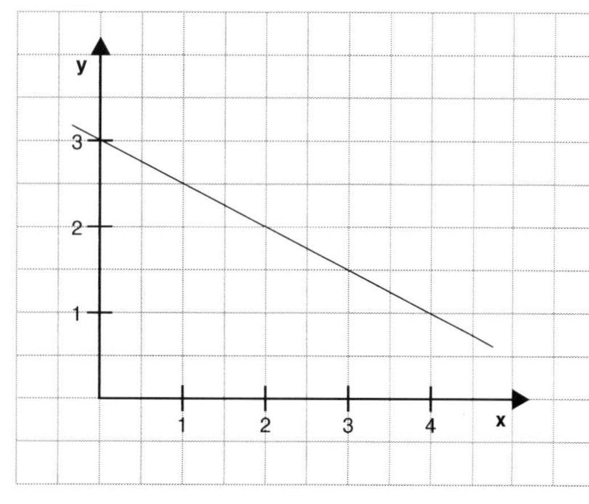

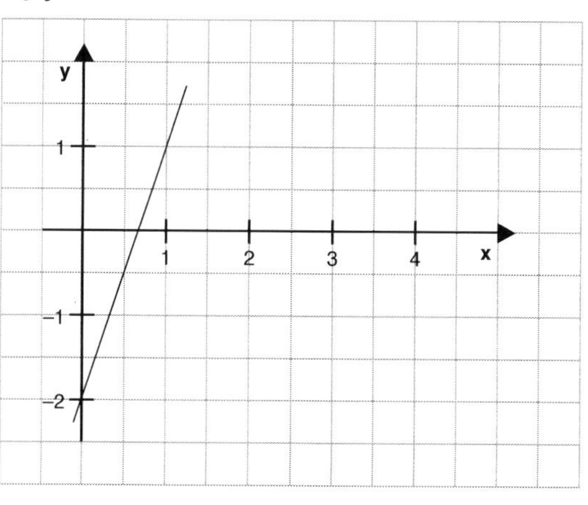

Regel: y = 3
→ Das ist eine konstante Funktion.

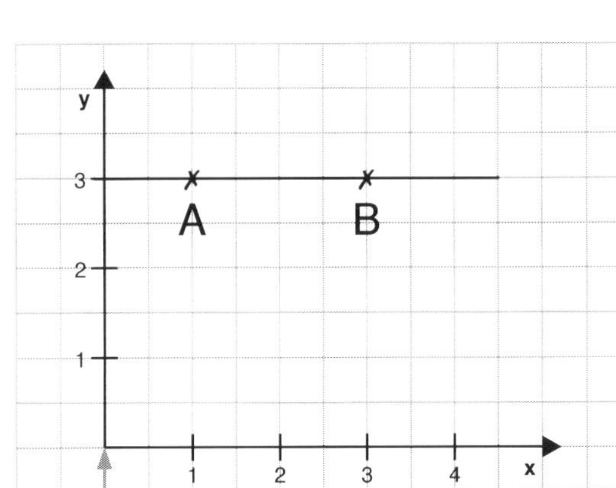

Koordinatenursprung

y = 3 · x
Pro Einheit steigt die Funktion um + 3.
→ Das ist eine proportionale Funktion.

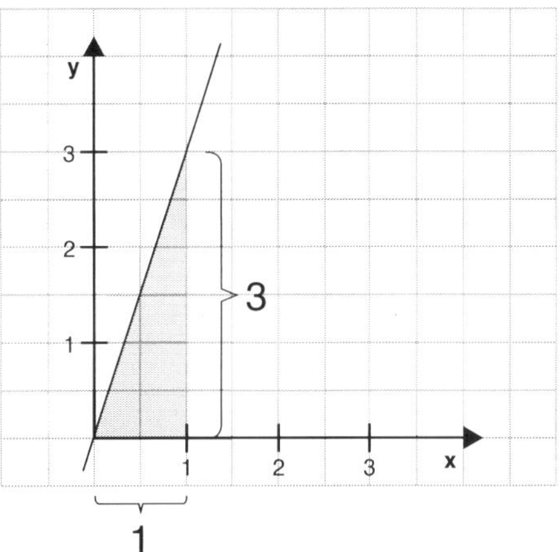

1. Kreuze (→ ankreuzen) die richtige Lösung an.

Funktionsgleichung	y = 3 · x	y = 3	y = –3 · x	y = –3
Konstante Funktion	☐	☐	☐	☐
Proportionale Funktion • steigend • fallend	 ☐ ☐	 ☐ ☐	 ☐ ☐	 ☐ ☐

2. a) Ermittle die fehlenden Zahlen in der Wertetabelle mit dem Taschenrechner.
Funktionsgleichung: y = 0,5 · x – 2

x	–2	–1	0	1	2
y					

Rechne: y = 0,5 · (–2) – 2
y = –1 – 2
y = –3

b) Setze (→ einsetzen) die Punkte aus der Wertetabelle in das Koordinatensystem ein.

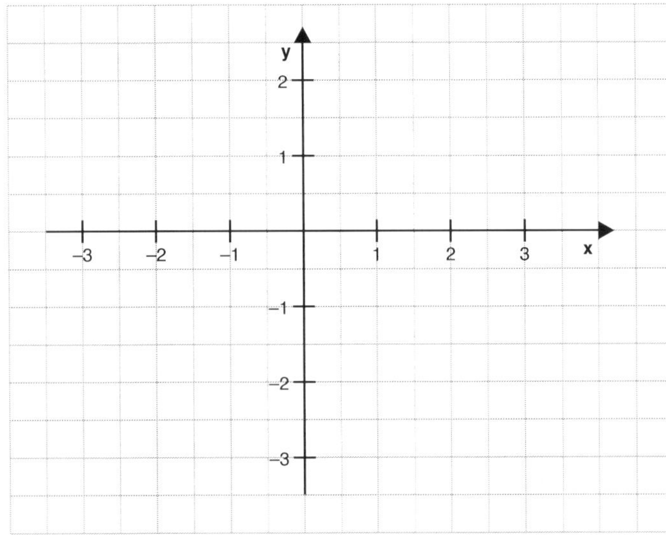

y = 0,5 · x – 2
ist eine lineare Funktion.

c) Verbinde die Punkte mit einem Lineal und einem spitzen Bleistift.

3. Schreibe die Funktionsgleichung in die Lücken.

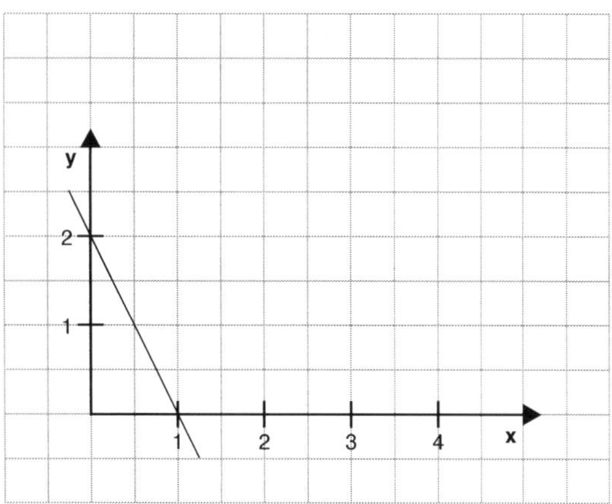

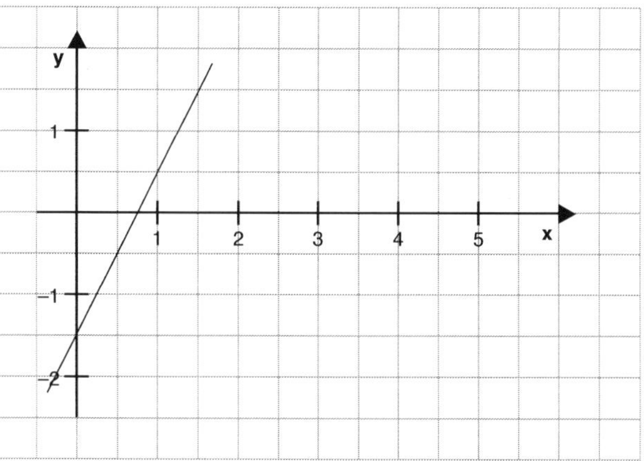

a) y = ______ · x + ______

b) y = ______ · x – ______

Regel:

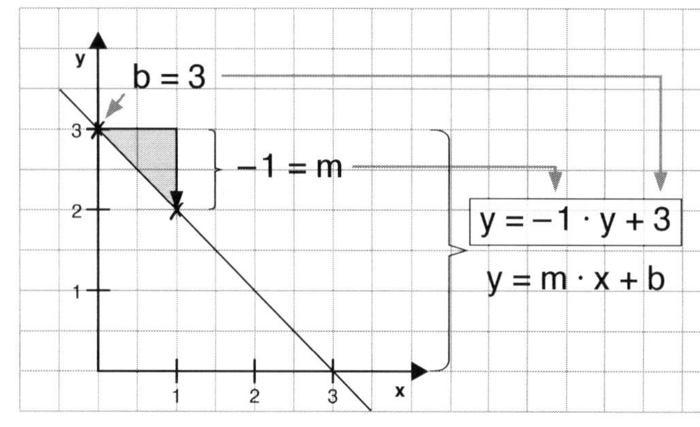

→ Den Graphen einer linearen Funktion nennt man Gerade.

→ Funktionsgleichung:
y = m · x + b

Steigung

y-Achsenabschnitt

4. Zeichne die Graphen in die Koordinatensysteme.

a) $y = -1{,}5 \cdot x + 2$

b) $y = -\frac{1}{2} \cdot x + 1$

c) $y = 3 \cdot x - 0{,}5$

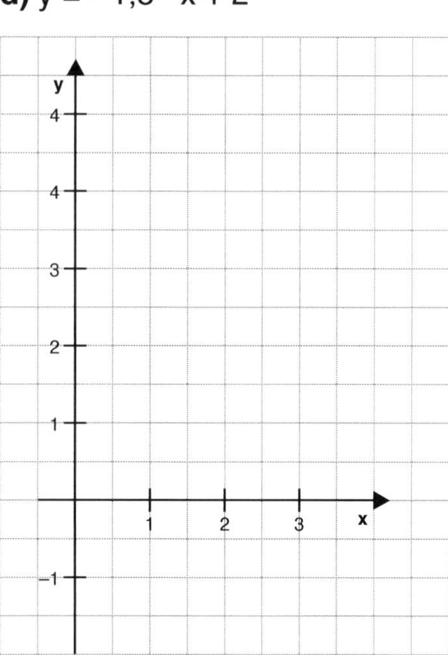

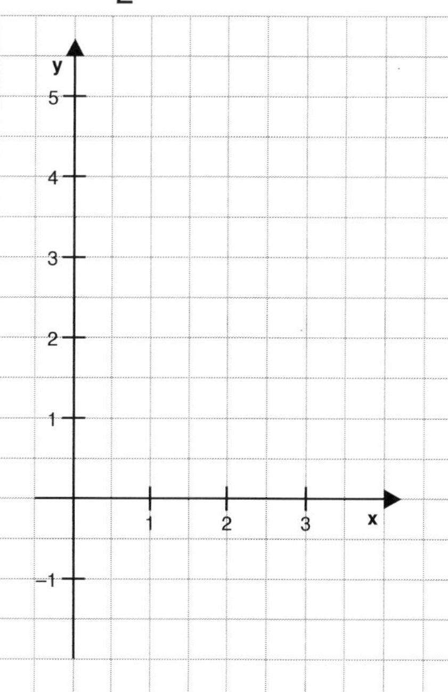

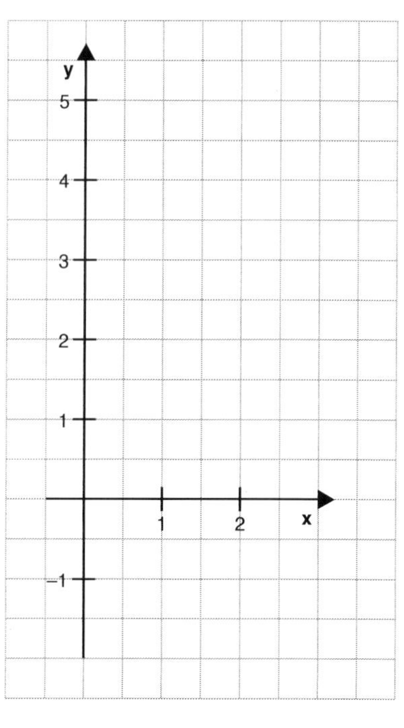

Lineare Funktionen

1.

Funktionsgleichung	$y = 3 \cdot x$	$y = 3$	$y = -3 \cdot x$	$y = -3$
Konstante Funktion	☐	☒	☐	☒
Proportionale Funktion				
• steigend	☒	☐	☐	☐
• fallend	☐	☐	☒	☐

2. a)

x	−2	−1	0	1	2
y	−3	−2,5	−2	−1,5	−1

b)

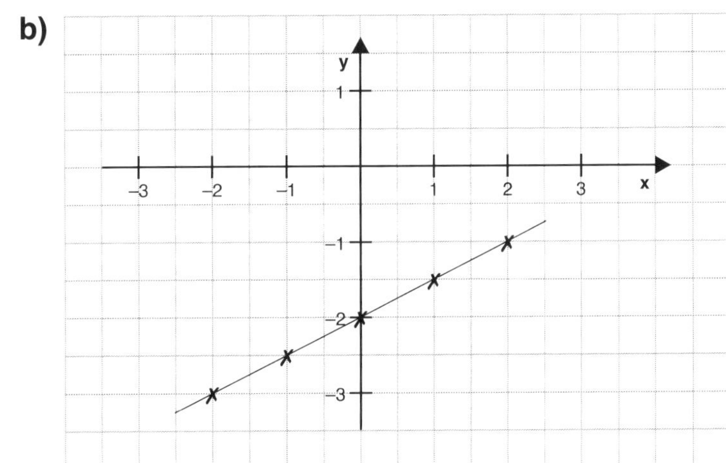

3.

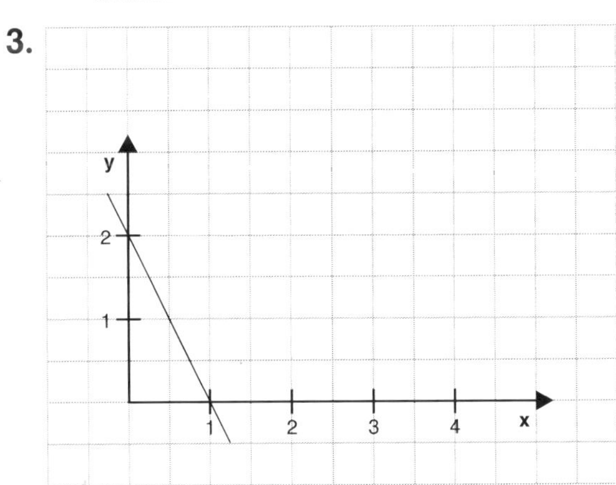

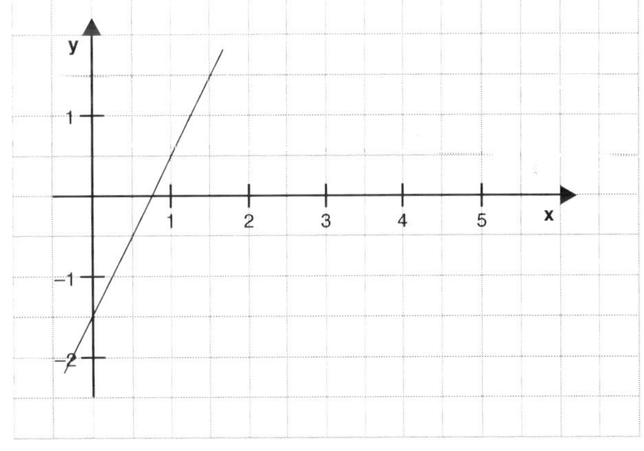

a) $y = -2 \cdot x + 2$

b) $y = 2 \cdot x - 1{,}5$

4. a) $y = -1{,}5 \cdot x + 2$

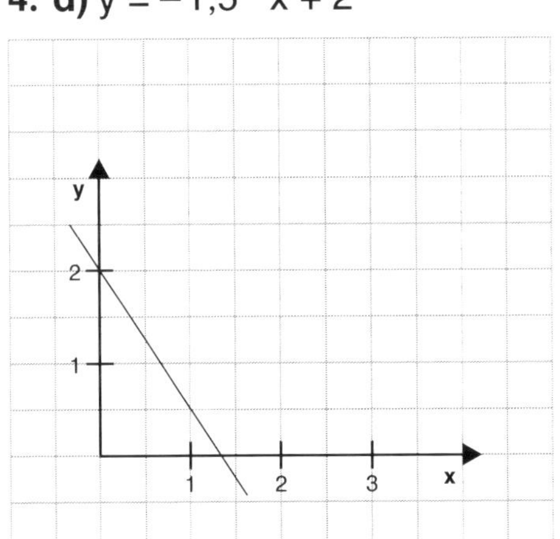

b) $y = -\frac{1}{2} \cdot x + 1$

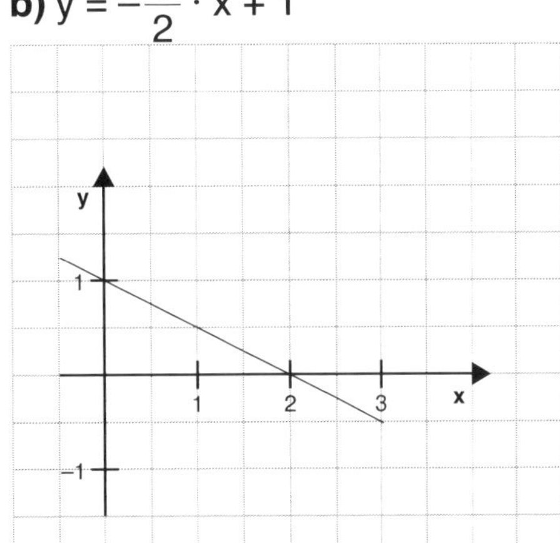

c) $y = 3 \cdot x - 0{,}5$

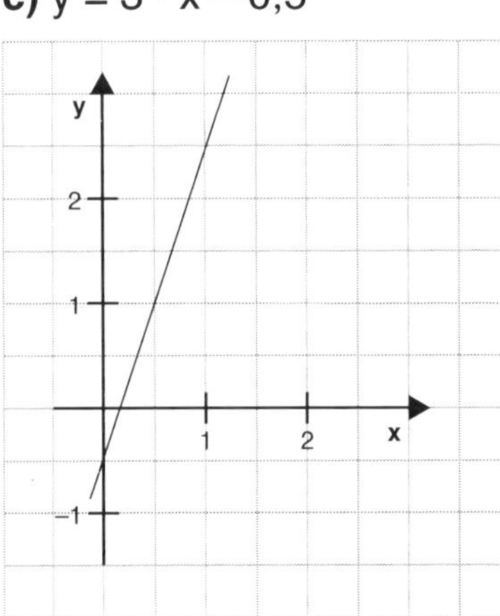

Lineare Gleichungssysteme

		die lineare Gleichung die linearen Gleichungen *the linear equation*

$$3x + 2y = 7$$
$$y = 2x + 5$$
$$15x = y - 9$$

Lineare Gleichungssysteme

		die Lösungsmenge die Lösungsmengen *the solution set*

x y

$$\mathbb{L} = \{ (3|5) \}$$

Lineare Gleichungssysteme

	unendlich *infinite*	die Unendlichkeit – *the infinity*

$$\infty$$

Lineare Gleichungssysteme

		der x-Wert die x-Werte *the x-value*

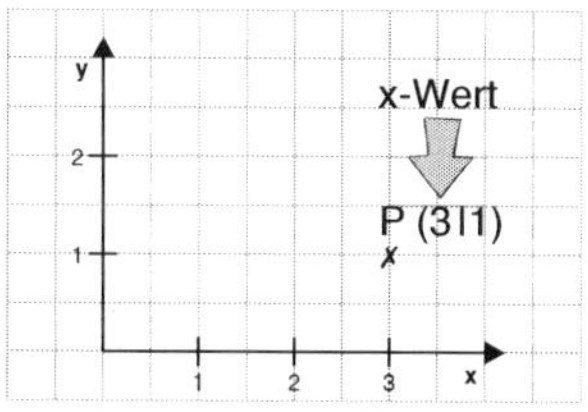

Lineare Gleichungssysteme

		der y-Wert die y-Werte *the y-value*

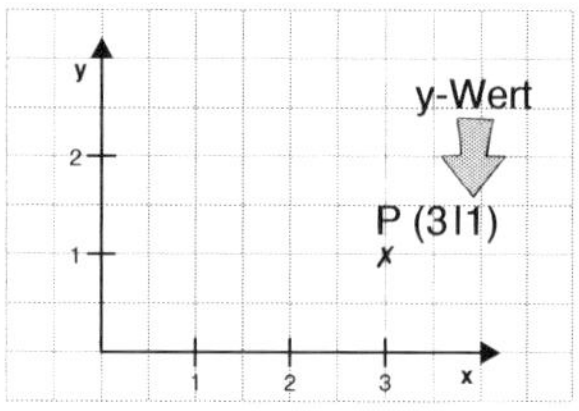

1. Marco betrachtet die Graphen in den Koordinatensystemen. Schreibe die Schnittpunkte der Geraden in die Kästchen.

a) S (I)	**b)** S (I)	**c)** S (I)
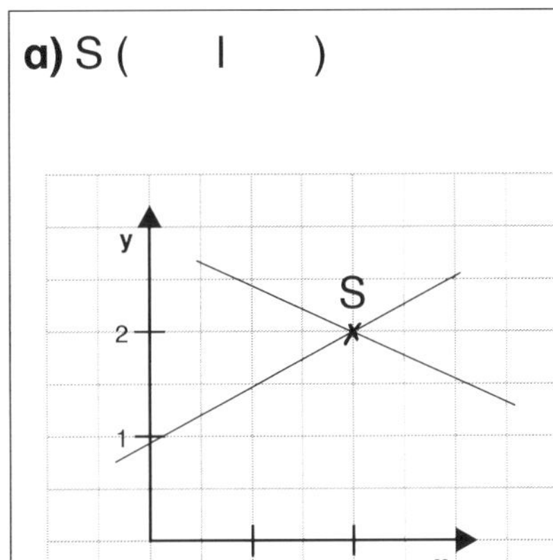	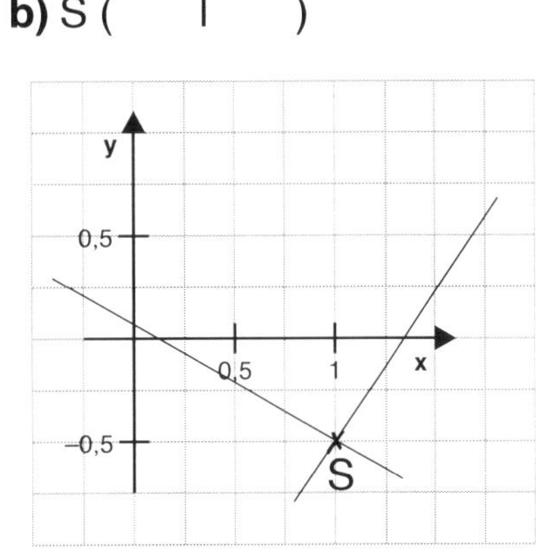	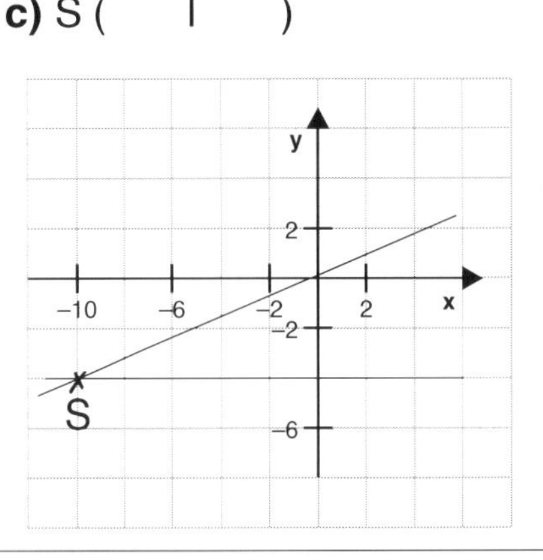

Nadja rechnet mit dem Einsetzungsverfahren:

$$\begin{vmatrix} 6x + y = 16 \\ y = 2x \end{vmatrix}$$

$6x + 2x = 16$
$8x = 16 \quad |:8$
$\underline{\underline{x = 2}}$

$y = 2x$
$y = 2 \cdot (2)$
$\underline{\underline{y = 4}}$

x y
$\mathbb{L} = \{(2|4)\}$
(Lösungsmenge)

Das ist ein lineares Gleichungssystem.

2. Rechne wie Nadja mit dem Einsetzungsverfahren. Rechne in deinem Heft.

a) $\begin{vmatrix} 10x + y = 20 \\ y = -2x - 4 \end{vmatrix}$ **b)** $\begin{vmatrix} x \quad 3y = 17 \\ x = -2y + 2 \end{vmatrix}$

Abdullah liest (→ lesen) im Buch das Gleichsetzungsverfahren.

$$\begin{vmatrix} y = 5x + 1 \\ y = -5x + 11 \end{vmatrix}$$

$y = y$
$5x + 1 = -5x + 11 \quad |+5x$
$10x + 1 = 11 \quad |-1$
$10x = 10 \quad |:10$
$\underline{\underline{x = 1}}$

$y = 5x + 1$
$y = 5 \cdot (1) + 1$
$y = 5 + 1$
$\underline{\underline{y = 6}}$

x y
$\mathbb{L} = \{(1|6)\}$
(Lösungsmenge)

3. Rechne in deinem Heft mit dem Gleichsetzungsverfahren.

a) $\begin{vmatrix} 2x = 8 - y \\ 2x = -2 + 4y \end{vmatrix}$ **b)** $\begin{vmatrix} 5y = 10x - 5 \\ 5x + 20 = 5y \end{vmatrix}$

Lineare Gleichungssysteme

Ahmed betrachtet die Regeln der linearen Gleichungssysteme. Dadurch kann er die Variablen x und y ermitteln.

Einsetzungsverfahren:

$$\begin{array}{l|r|}\text{I} & 6x + y = 16 \\ \text{II} & y = 2x\end{array}$$

II in **I** einsetzen:

$6x + 2x = 16$

$8x = 16 \quad |:8$

$\underline{\underline{x = 2}}$ (x-Wert)

x-Wert in **II** einsetzen:

$y = 2x$

$y = 2 \cdot (2)$

$\underline{\underline{x = 4}}$ (y-Wert)

Lösungsmenge

IL = {(2|4)}
x y

Gleichsetzungsverfahren:

$$\begin{array}{l|l|}\text{I} & y = 5x + 1 \\ \text{II} & y = -5x + 11\end{array}$$

$y = y$

$5x + 1 = -5x + 11 \quad |+5x$

$10x + 1 = 11 \quad |-1$

$10x = 10 \quad |:10$

$\underline{\underline{x = 1}}$ (x-Wert)

x-Wert in **I** einsetzen:

$y = 5x + 1$

$y = 5 \cdot (1) + 1$

$y = 5 + 1$

$\underline{\underline{y = 6}}$ (y-Wert)

Lösungsmenge

IL = {(1|6)}
x y

Additionsverfahren:

$$\begin{array}{l|c|}\text{I} & 3x + 5y = 11 \\ & + \quad + \quad + \\ \text{II} & -3x + 3y = -3\end{array}$$

$8y = 8 \quad |:8$

$\underline{\underline{y = 1}}$ (y-Wert)

y-Wert in **I** einsetzen:

$3x + 5 \cdot (1) = 11$

$3x + 5 = 11 \quad |-5$

$3x = 6 \quad |:3$

$\underline{\underline{x = 2}}$

Lösungsmenge

IL = {(2|1)}
x y

1. Rechne in deinem Heft mit dem Einsetzungsverfahren.

a) $\begin{array}{l|r|}\text{I} & 3y + x = 49 \\ \text{II} & x = 4y\end{array}$ **b)** $\begin{array}{l|l|}\text{I} & 3x + 2y = 47 \\ \text{II} & y + 5x = 13\end{array}$ **c)** $\begin{array}{l|l|}\text{I} & y = 2x - 11 \\ \text{II} & 8x - 54 = 6y\end{array}$

2. Rechne in deinem Heft mit dem Gleichsetzungsverfahren.

a) $\begin{array}{l|l|}\text{I} & x + 2 = y \\ \text{II} & y = 3x - 12\end{array}$ **b)** $\begin{array}{l|l|}\text{I} & 2y + 30 = 6x \\ \text{II} & 2y = 5x - 26\end{array}$ **c)** $\begin{array}{l|l|}\text{I} & x = 2y + 1 \\ \text{II} & 2x + 1 = 6y\end{array}$

3. Rechne in deinem Heft mit dem Additionsverfahren.

a) $\begin{array}{l|r|}\text{I} & -4x - 3y = -53 \\ \text{II} & 4x + 2y = 46\end{array}$ **b)** $\begin{array}{l|l|}\text{I} & 2x - 2\frac{1}{2} = 4y \\ \text{II} & -2x + \frac{1}{2} = -2y\end{array}$ **c)** $\begin{array}{l|r|}\text{I} & x - y = 3 \\ \text{II} & 3x + y = 5\end{array}$

4. Verbinde die richtigen Lösungen.

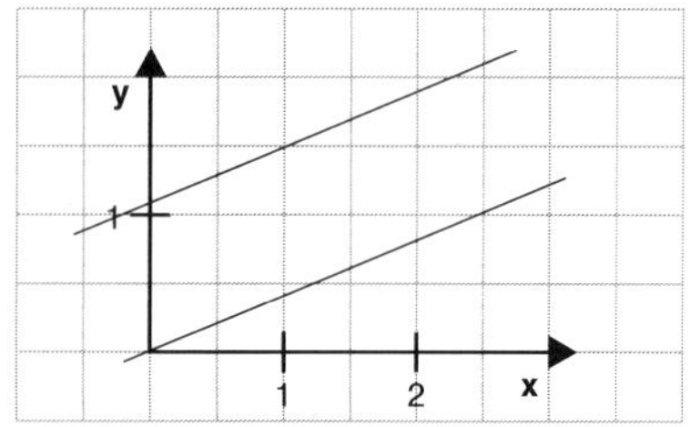

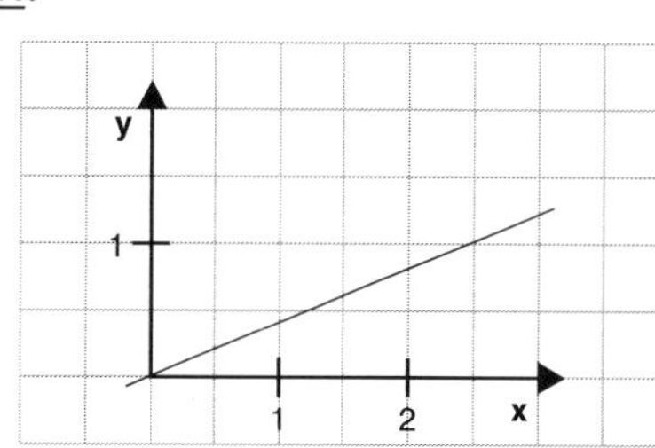

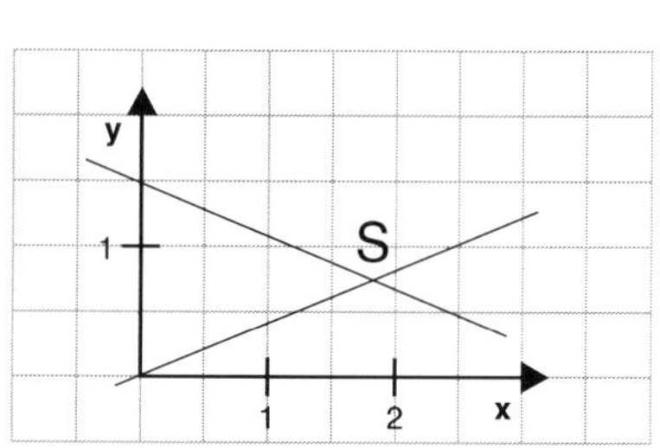

Es gibt eine Lösung (Schnittpunkt).

Es gibt unendlich viele Lösungen.

Es gibt keine Lösung.

1.

a) S (2|2)

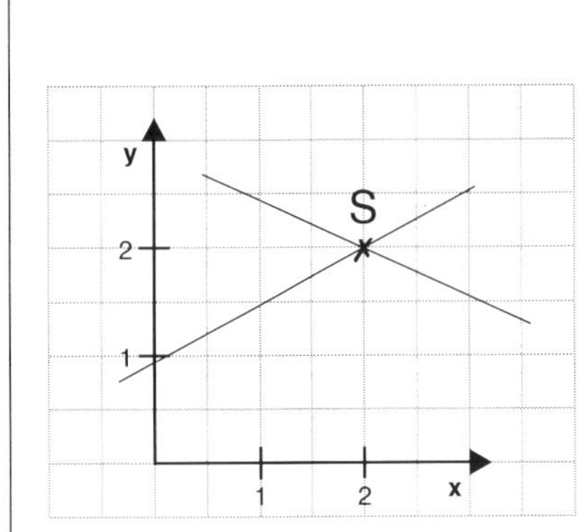

b) S (1|–0,5)

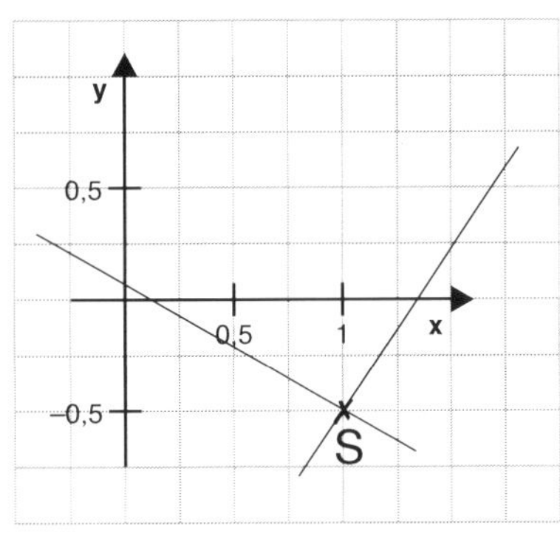

c) S (–10|–4)

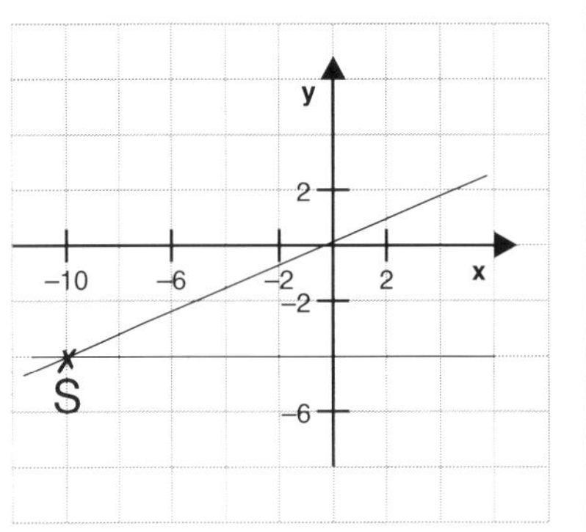

2. a)

$$\begin{vmatrix} 10x + y = 20 \\ y = -2x - 4 \end{vmatrix}$$

$10x - 2x - 4 = 20 \quad |+4$

$8x = 24 \quad |:8$

$\underline{x = 3}$

$y = -2x - 4$

$y = -2 \cdot (3) - 4$

$y = -6 - 4$

$\underline{y = -10}$

$\mathbb{L} = \{(3 \mid -10)\}$

b)

$$\begin{vmatrix} x - 3y = 17 \\ x = -2y + 2 \end{vmatrix}$$

$(-2y + 2) - 3y = 17 \quad |-2$

$-5y = 15 \quad |:(-5)$

$\underline{y = -3}$

$x = -2y + 2$

$x = -2 \cdot (-3) + 2$

$x = 6 + 2$

$\underline{x = 8}$

$\mathbb{L} = \{(8 \mid -3)\}$

3. a)

$$\begin{vmatrix} 2x = 8 - y \\ 2x = -2 + 4y \end{vmatrix}$$

$8 - y = -2 + 4y \quad |+y$

$8 = -2 + 5y \quad |+2$

$10 = 5y$

$\underline{2 = y}$

$2x = 8 - y$

$2x = 8 - (2)$

$2x = 6 \quad |:2$

$\underline{x = 3}$

$\mathbb{L} = \{(3 \mid 2)\}$

b)

$$\begin{vmatrix} 5y = 10x - 5 \\ 5x + 20 = 5y \end{vmatrix}$$

$10x - 5 = 5x + 20 \quad |-5x$

$5x - 5 = 20 \quad |+5$

$5x = 25 \quad |:5$

$\underline{x = 5}$

$5y = 10x - 5$

$5y = 10 \cdot (5) - 5$

$5y = 50 - 5$

$5y = 45 \quad |:5$

$\underline{y = 9}$

$\mathbb{L} = \{(5 \mid 9)\}$

Lineare Gleichungssysteme

1. a)

I $3y + x = 49$
II $x = 4y$

$3y + 4y = 49$
$7y = 49 \quad |:7$
$\underline{y = 7}$

$x = 4y$
$x = 4 \cdot (7)$
$\underline{x = 28}$

$\mathbb{L} = \{(28 \mid 7)\}$

b)

I $3x + 2y = 47$
II $y + 5x = 13$

$y + 5x = 13 \quad |-5x$
$y = 13 - 5x$

$3x + 2 \cdot (13 - 5x) = 47$
$3x + 26 - 10x = 47$
$26 - 7x = 47 \quad |-26$
$-7x = 21 \quad |:(-7)$
$\underline{x = -3}$

$y + 5x = 13$
$y + 5 \cdot (-3) = 13$
$y - 15 = 13 \quad |+15$
$\underline{y = 28}$

$\mathbb{L} = \{(-3 \mid 28)\}$

c)

I $y = 2x - 11$
II $8x - 54 = 6y$

$8x - 54 = 6 \cdot (2x - 11)$
$8x - 54 = 12x - 66 \quad |+66$
$8x + 12 = 12x \quad |-8x$
$12 = 4x \quad |:4$
$\underline{3 = x}$

$y = 2x - 11$
$y = 2 \cdot (3) - 11$
$y = 6 - 11$
$\underline{y = -5}$

$\mathbb{L} = \{(3 \mid -5)\}$

2. a)

I $x + 2 = y$
II $y = 3x - 12$

$x + 2 = 3x - 12 \quad |+12$
$x + 14 = 3x \quad |-x$
$14 = 2x \quad |:2$
$\underline{7 = x}$

$x + 2 = y$
$7 + 2 = y$
$\underline{9 = y}$

$\mathbb{L} = \{(7 \mid 9)\}$

b)

I $2y + 30 = 6x$
II $2y = 5x - 26$

$2y + 30 = 6x \quad |-30$
$2y = 6x - 30$

$6x - 30 = 5x - 26 \quad |+30$
$6x = 5x + 4 \quad |-5x$
$\underline{x = 4}$

$2y + 30 = 6x$
$2y + 30 = 6 \cdot (4)$
$2y + 30 = 24 \quad |-30$
$2y = -6 \quad |:2$
$\underline{y = -3}$

$\mathbb{L} = \{(4 \mid -3)\}$

c)

I $x = 2y + 1$
II $2x + 1 = 6y$

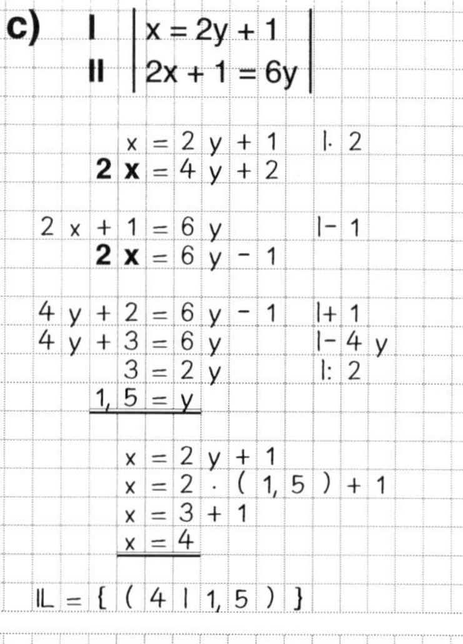

$x = 2y + 1 \quad |\cdot 2$
$\mathbf{2x} = 4y + 2$

$2x + 1 = 6y \quad |-1$
$\mathbf{2x} = 6y - 1$

$4y + 2 = 6y - 1 \quad |+1$
$4y + 3 = 6y \quad |-4y$
$3 = 2y \quad |:2$
$\underline{1{,}5 = y}$

$x = 2y + 1$
$x = 2 \cdot (1{,}5) + 1$
$x = 3 + 1$
$\underline{x = 4}$

$\mathbb{L} = \{(4 \mid 1{,}5)\}$

3. a)

I $-4x - 3y = -53$
II $4x + 2y = 46$

$-4x - 3y = -53$
$+ \quad + \quad +$
$4x + 2y = 46$
$-y = -7 \quad |:(-1)$
$\underline{y = 7}$

$4x + 2 \cdot (7) = 46$
$4x + 14 = 46 \quad |-14$
$4x = 32 \quad |:4$
$\underline{x = 8}$

$\mathbb{L} = \{(8 \mid 7)\}$

b)

I $2x - 2\frac{1}{2} = 4y$
II $-2x + \frac{1}{2} = -2y$

$2x - 2\frac{1}{2} = 4y$
$+ \quad + \quad +$
$-2x + \frac{1}{2} = -2y$
$-2 = 2y \quad |:2$
$\underline{-1 = y}$

$2x - 2\frac{1}{2} = 4 \cdot (-1)$

$2x - 2\frac{1}{2} = -4 \quad |+2\frac{1}{2}$
$2x = -1\frac{1}{2} \quad |:2$
$x = -\frac{3}{4} = \underline{-0{,}75}$

$\mathbb{L} = \{(-0{,}75 \mid -1)\}$

c)

I $x - y = 3$
II $3x + y = 5$

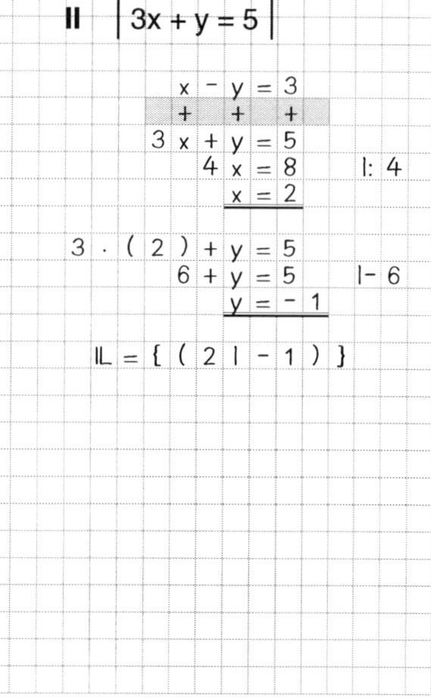

$x - y = 3$
$+ \quad + \quad +$
$3x + y = 5$
$4x = 8 \quad |:4$
$\underline{x = 2}$

$3 \cdot (2) + y = 5$
$6 + y = 5 \quad |-6$
$\underline{y = -1}$

$\mathbb{L} = \{(2 \mid -1)\}$

4.

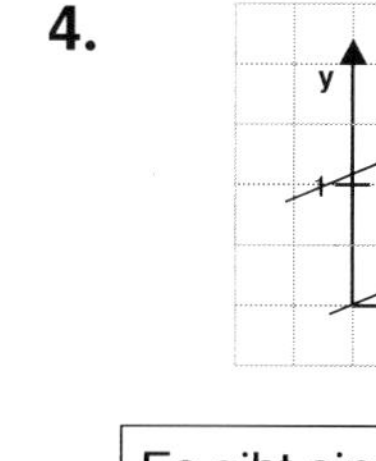

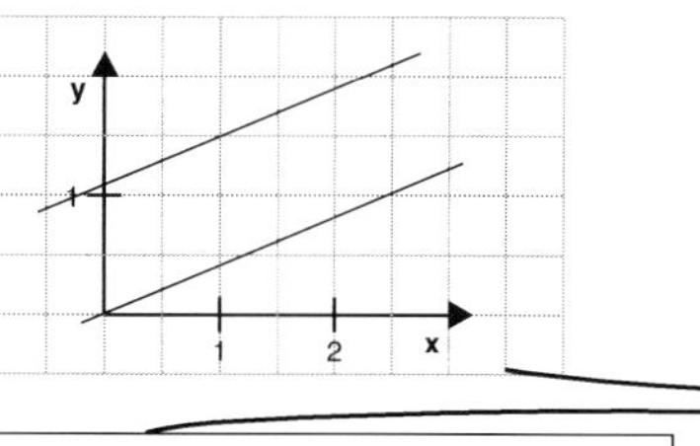

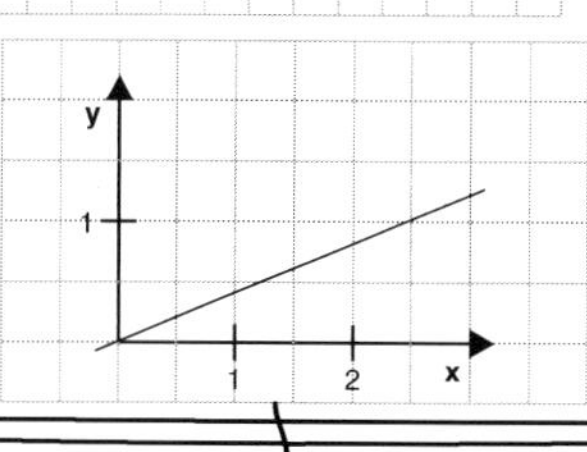

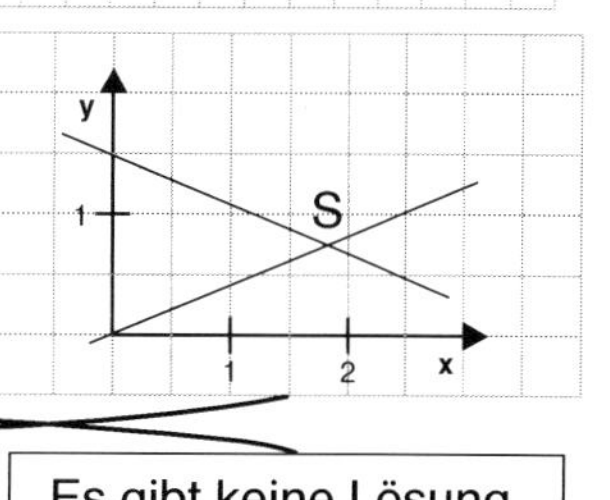

Es gibt eine Lösung (Schnittpunkt). | Es gibt unendlich viele Lösungen. | Es gibt keine Lösung.

Quadratische Funktionen

Quadratische Funktionen

	gestaucht *compressed*	die Stauchung die Stauchungen *the compression*

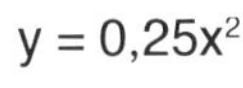
$y = 0{,}25x^2$

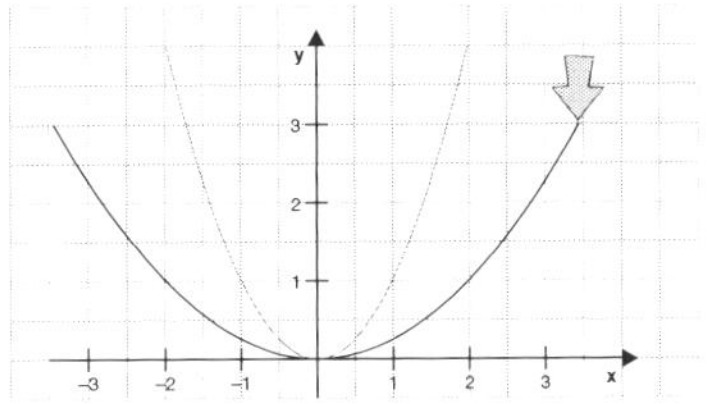

Quadratische Funktionen

	gestreckt *stretched*	die Streckung die Streckungen *the stretching*

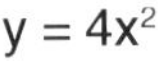
$y = 4x^2$

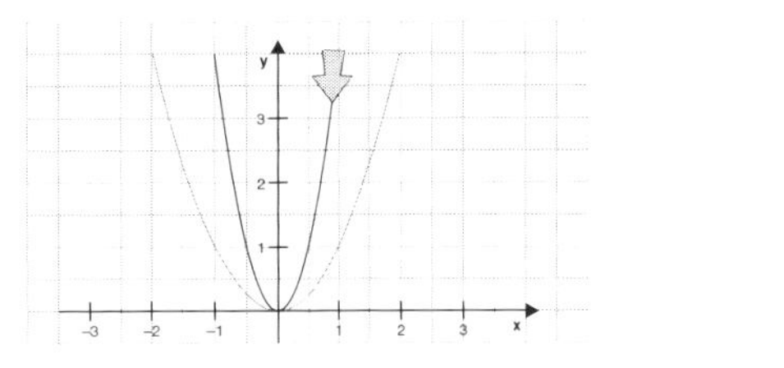

Quadratische Funktionen

		die Normalparabel die Normalparabeln *the basic parabola*

$y = x^2$

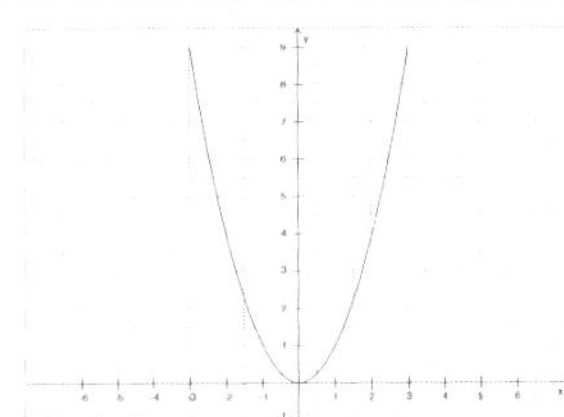

Quadratische Funktionen

		die Nullstelle die Nullstellen *the zero of a function*

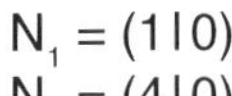
$N_1 = (1|0)$
$N_2 = (4|0)$

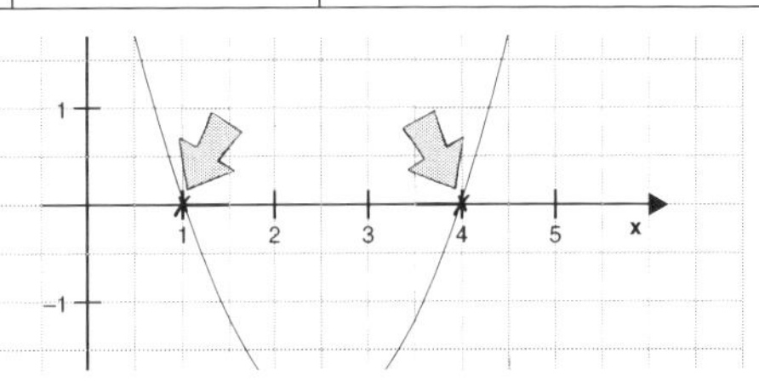

Quadratische Funktionen

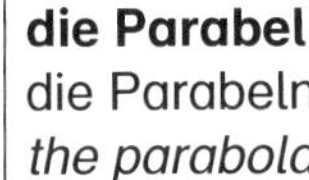

		die Parabel die Parabeln *the parabola*

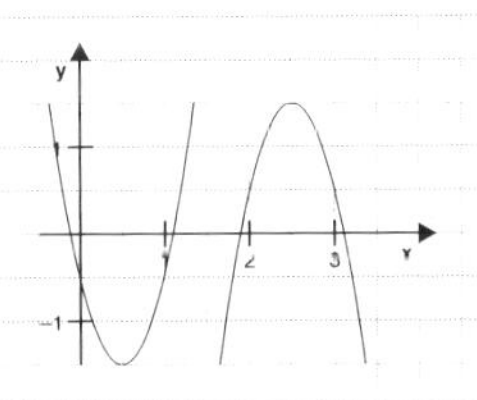

Quadratische Funktionen

		der Scheitelpunkt die Scheitelpunkte *the vertex*

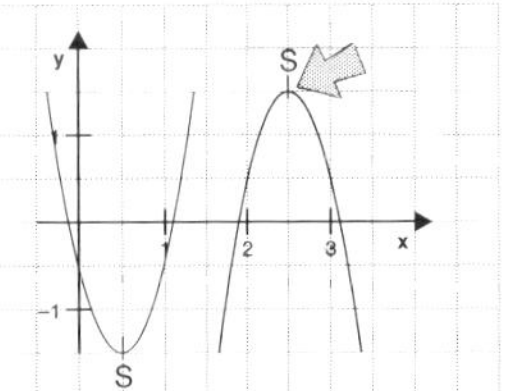

Quadratische Funktionen

		die Verschiebung die Verschiebungen *the shift*

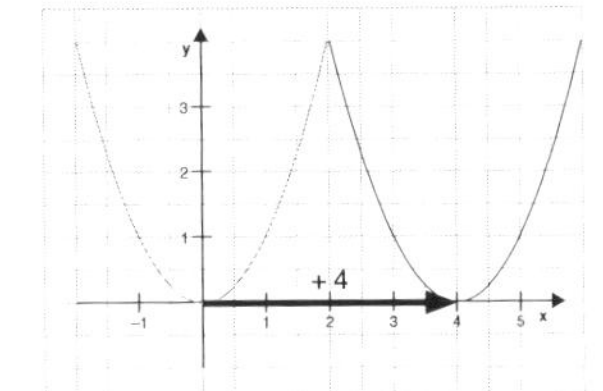

Sarah betrachtet das Buch.

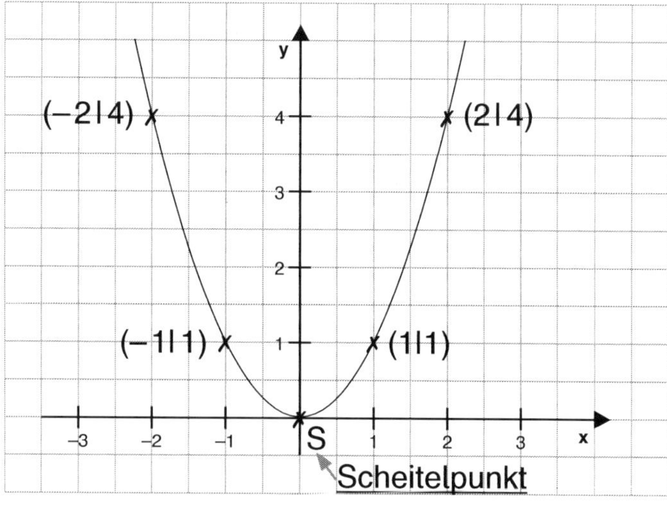

1. Hilf (→ helfen) Sarah und schreibe die fehlenden Zahlen für $y = x^2$ in die Wertetabelle.

x	−5	−4	−3	−2	−1	0	1	2	3	4	5
y							1	4			

Regel: Verschiebung der Normalparabel …

… nach oben (↑):

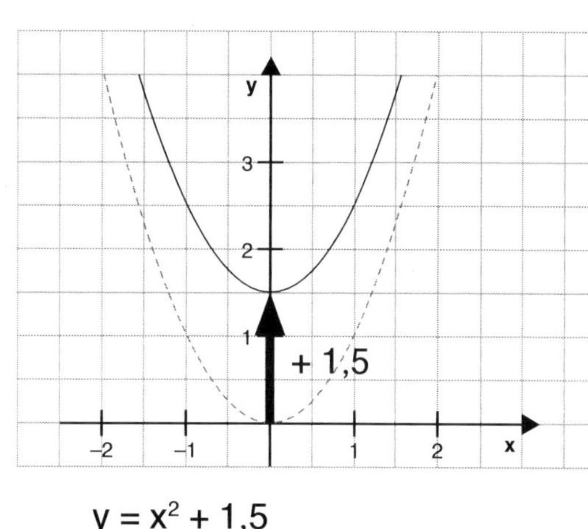

$y = x^2 + 1,5$

… nach unten (↓):

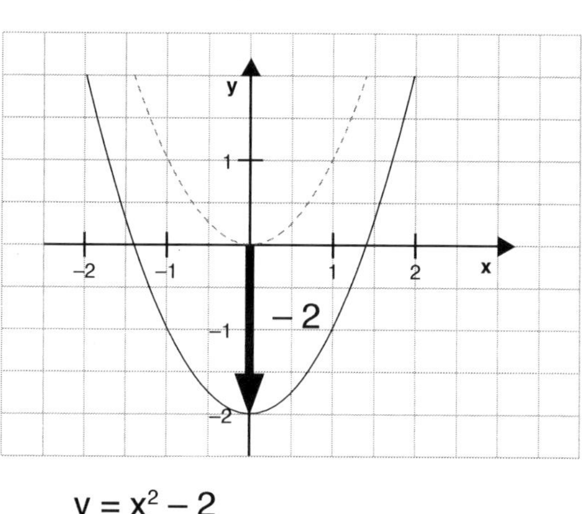

$y = x^2 - 2$

2. Zeichne die Parabeln.

a) $y = x^2 - 2,5$

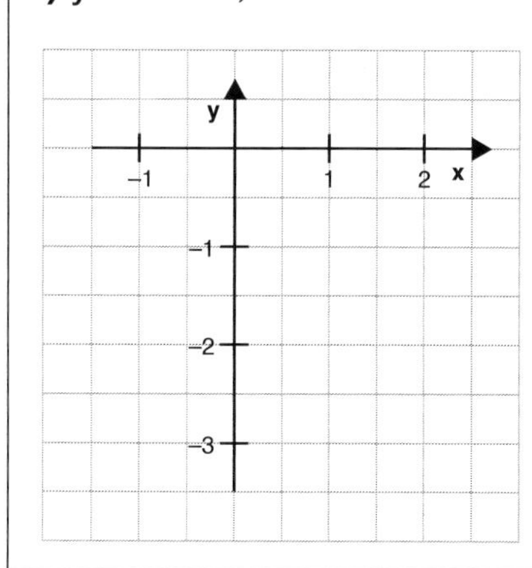

b) $y = x^2 + 1,5$

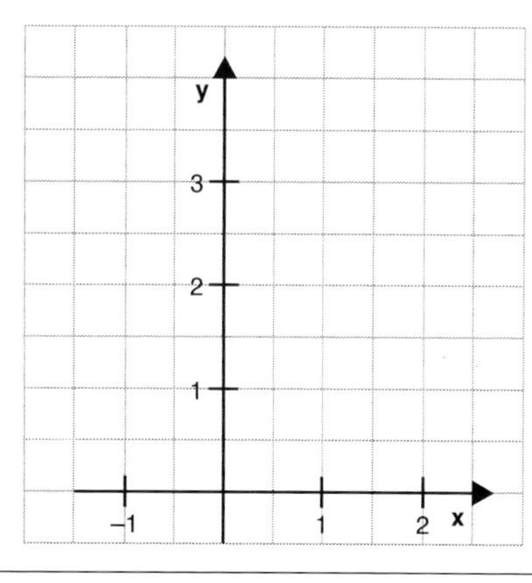

c) $y = x^2 + 0$

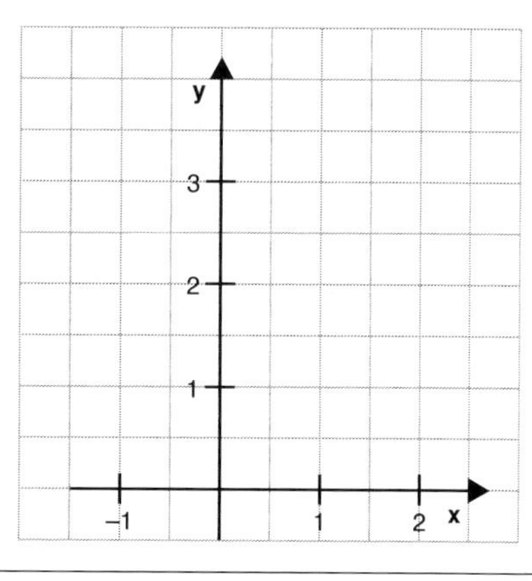

Regel: Verschiebung der Normalparabel …
… nach links (←): … nach rechts (→):

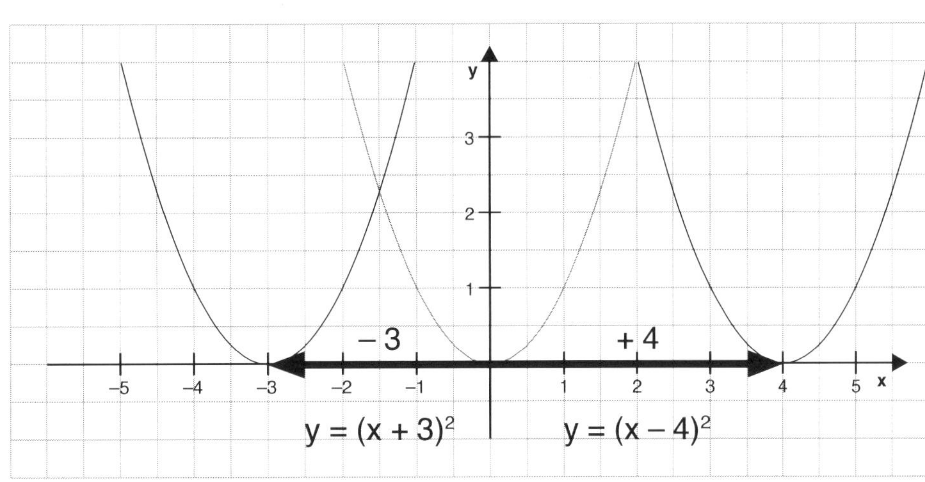

3. Zeichne die Parabeln.

a) $y = (x + 1{,}5)^2$	**b)** $y = (x - 0{,}5)^2$	**c)** $y = (x + 0)^2$
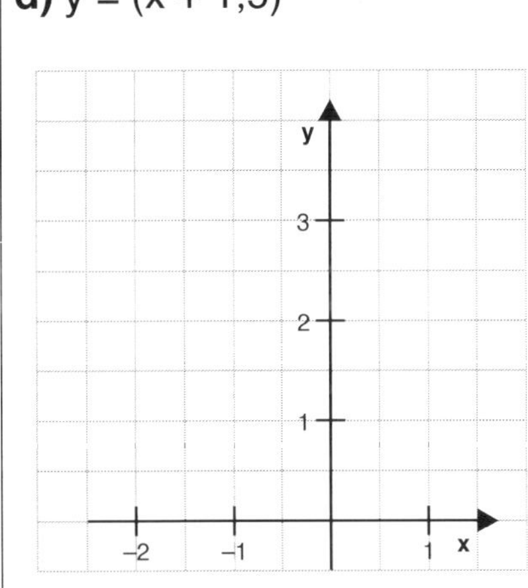	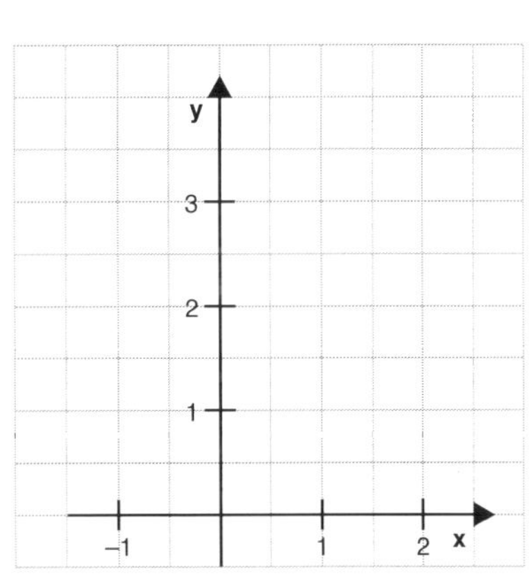	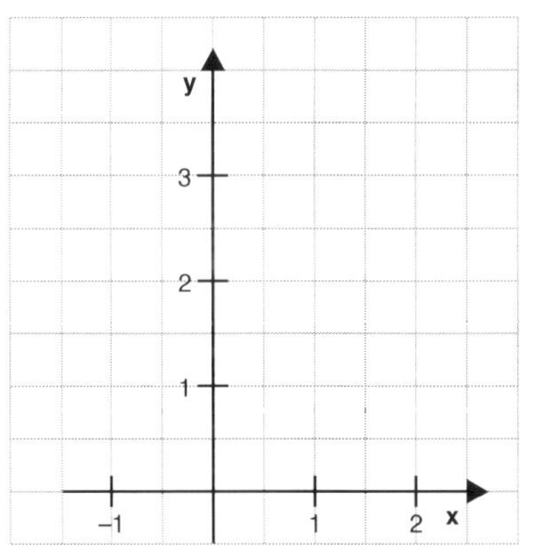

Abdullah erklärt den Scheitelpunkt.

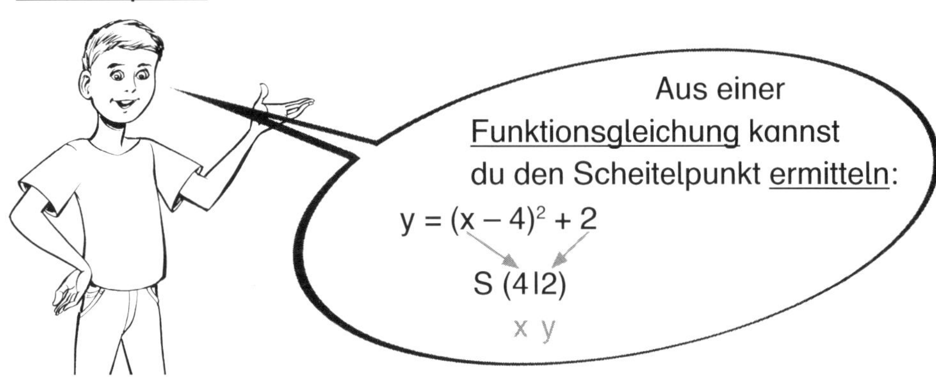

4. Schreibe den Scheitelpunkt in die Lücken.

a) $y = (x - 1)^2 + 3$	**b)** $y = (x + 2)^2 - 2$	**c)** $y = (x + 0{,}5)^2$	**d)** $y = (x - \frac{3}{2})^2 + \frac{1}{2}$
S (|)	S (|)		

1.

x	−5	−4	−3	−2	−1	0	1	2	3	4	5
y	25	16	9	4	1	0	1	4	9	16	25

2.

a) $y = x^2 - 2{,}5$

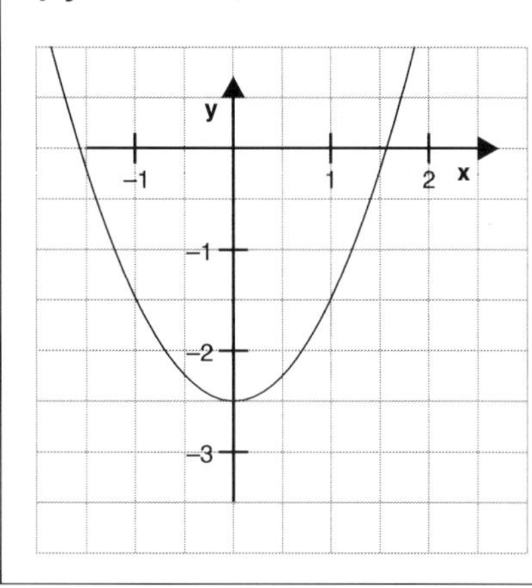

b) $y = x^2 + 1{,}5$

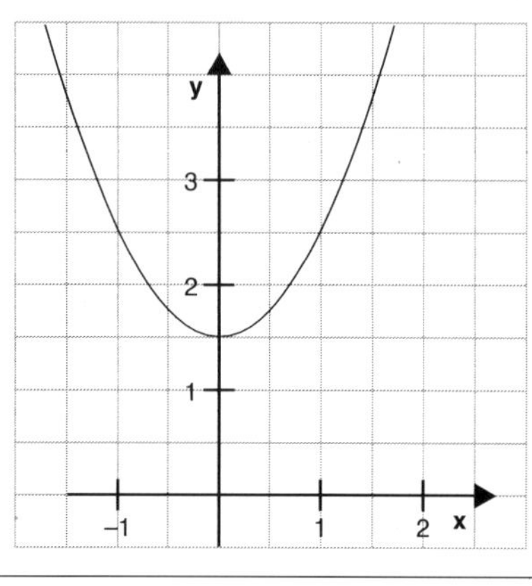

c) $y = x^2 + 0$

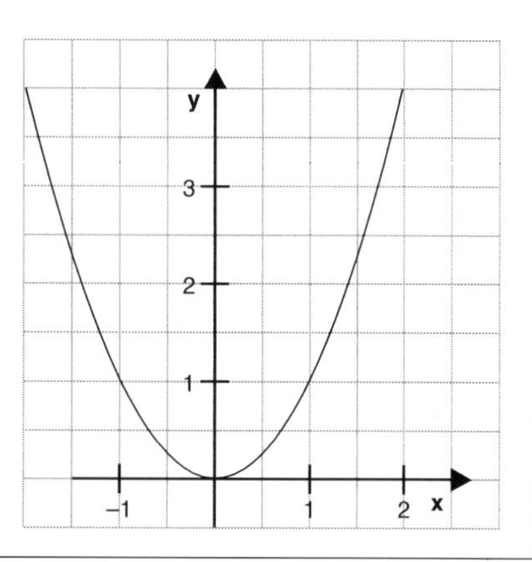

3.

a) $y = (x + 1{,}5)^2$

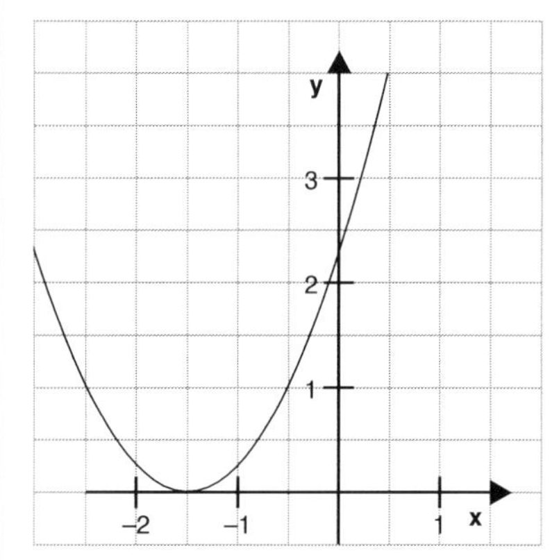

b) $y = (x - 0{,}5)^2$

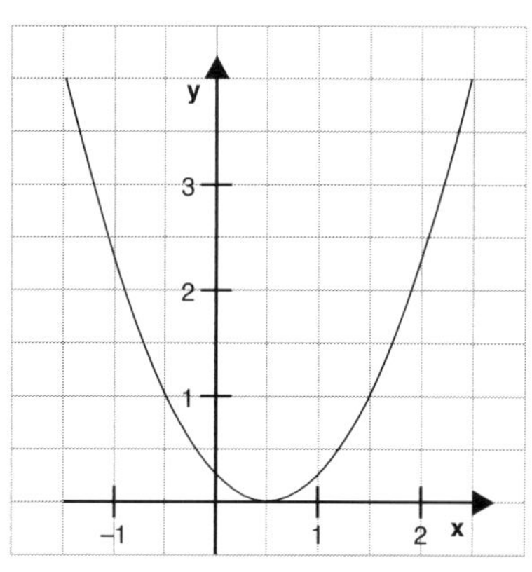

c) $y = (x + 0)^2$

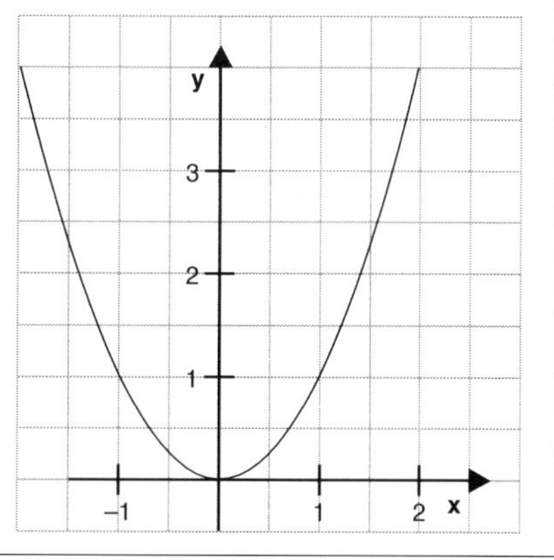

4.

a) $y = (x - 1)^2 + 3$	**b)** $y = (x + 2)^2 - 2$	**c)** $y = (x + 0{,}5)^2$	**d)** $y = (x - \frac{3}{2})^2 + \frac{1}{2}$
S (1|3)	S (−2|−2)	S (−0,5|0)	S (1,5|0,5)

Regel: Verschiebung der Normalparabel …

 Normalparabel:	… nach unten (↓): $y = x^2 - 2$	… nach links (←): $y = (x + 3)^2$
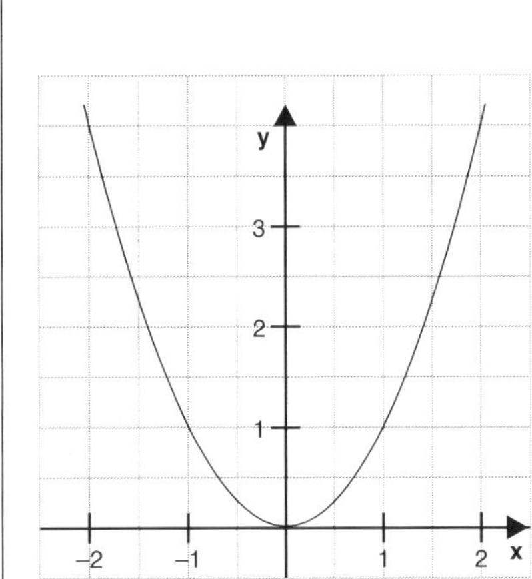	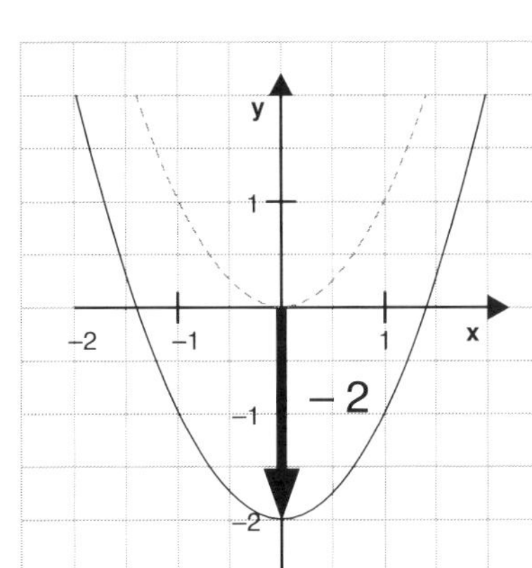	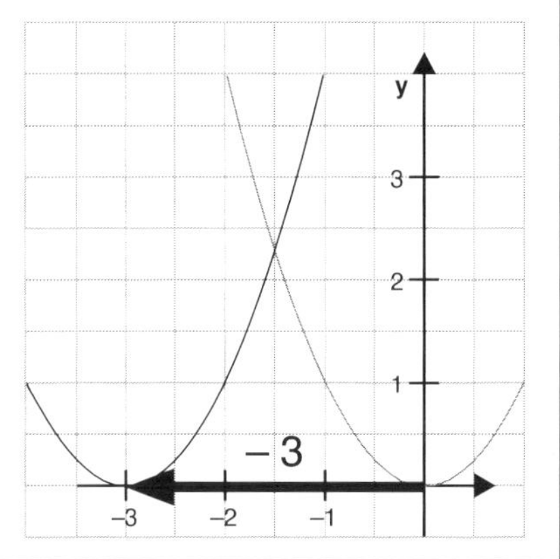

1. Schreibe die Funktionsgleichung in die Kästchen.

a) y = ______________	**b)** y = ______________	**c)** y = ______________
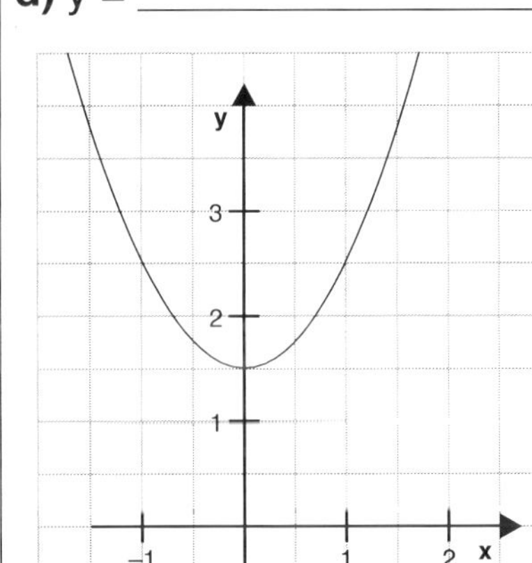	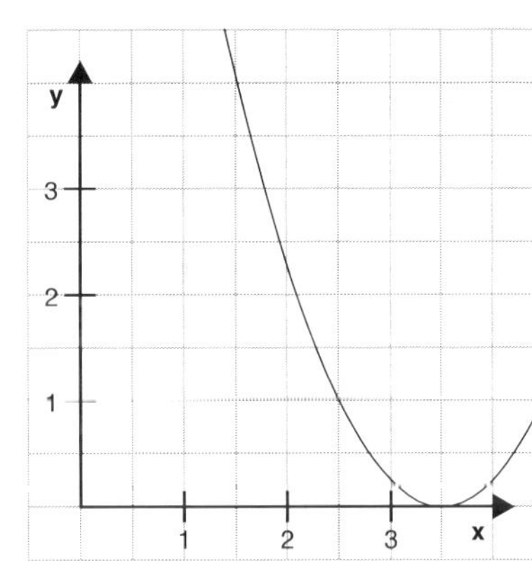	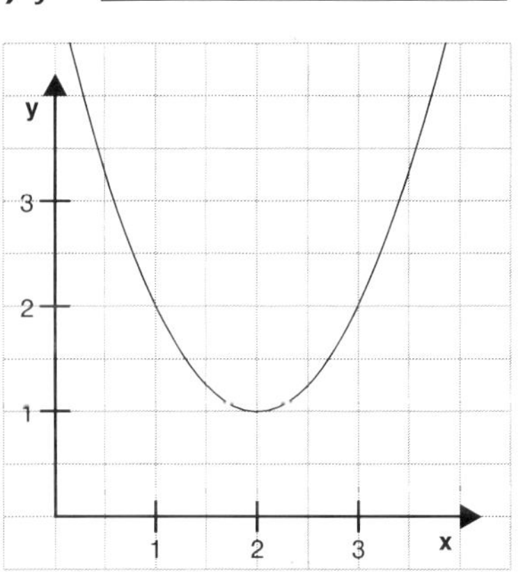

Regel: Der Vorfaktor a bei der Funktionsgleichung $y = a \cdot x^2$ verändert den Graphen der Normalparabel:

- Wenn a positiv (+) ist, dann ist die Parabel nach oben (↑) geöffnet.
- Wenn a negativ (–) ist, dann ist die Parabel nach unten (↓) geöffnet.

- Wenn a eine Dezimalzahl größer als (>) 1 ist, dann ist die Parabel gestreckt.
- Wenn a größer als 0 und kleiner als (<)1 ist, dann ist die Parabel gestaucht.

2. Überprüfe und kreuze (→ ankreuzen) die richtige Lösung an.

	a) $y = -2x^2$	**b)** $y = 0{,}5x^2$	**c)** $y = -\frac{1}{2}x^2$	**d)** $y = 15x^2$
nach oben (↑) geöffnet				
nach unten (↓) geöffnet				
gestreckt				
gestaucht				

3. Sinan schreibt die Funktionsgleichung in sein Heft. $y = x^2 - 2x - 1$

a) Hilf (→ helfen) Sinan und schreibe die fehlenden Zahlen in die Wertetabelle.

x	−1	0	1	2	3
y					

b) Zeichne die Punkte in das Koordinatensystem.

c) Zeichne die Parabel durch die Punkte.

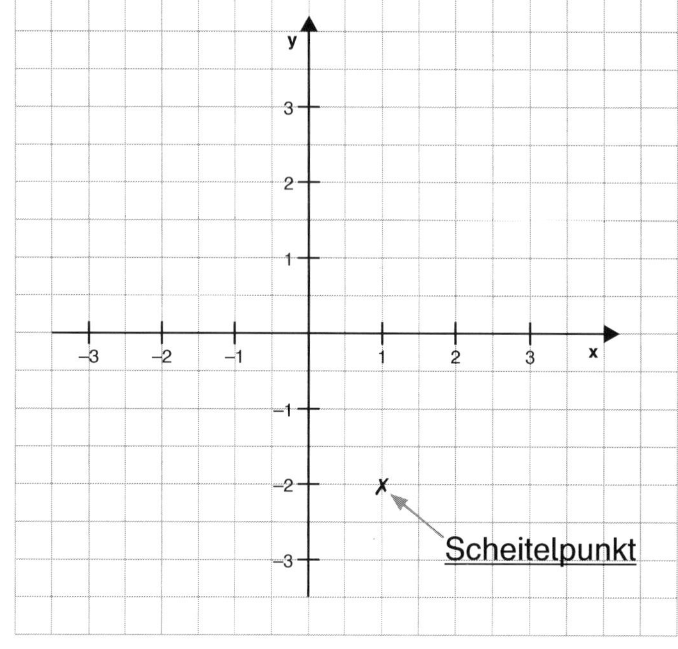

4. Ela zeigt, wie sie die Schnittpunkte mit der x-Achse berechnen (→ rechnen) kann.

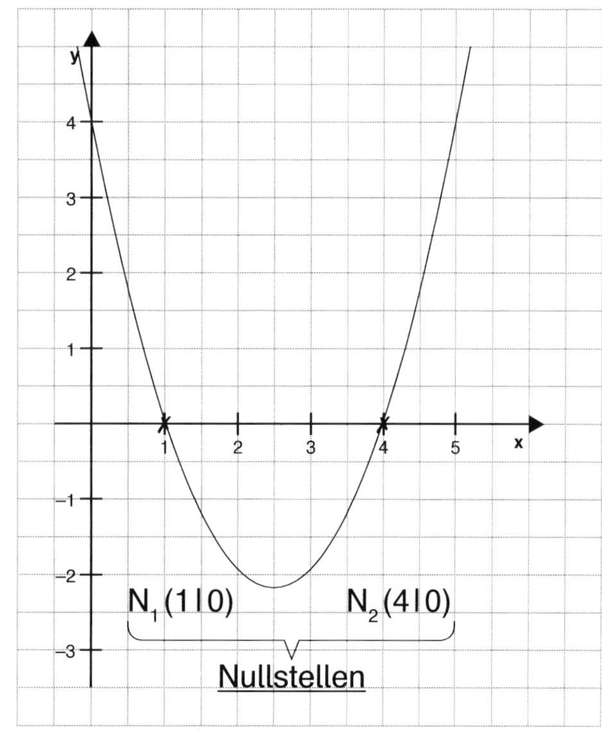

Regel: p-q-Formel

$x_{1,2} = -\frac{p}{2} \pm \sqrt{(\frac{p}{2})^2 - q}$

Rechnung: $0 = x^2 - 5x + 4$ (p, q)

$x_{1,2} = -\frac{(-5)}{2} \pm \sqrt{(\frac{(-5)}{2})^2 - 4}$

$x_{1,2} = 2{,}5 \pm \sqrt{(-2{,}5)^2 - 4}$

$x_{1,2} = 2{,}5 \pm \sqrt{6{,}25 - 4}$

$x_{1,2} = 2{,}5 \pm \sqrt{2{,}25}$

$x_{1,2} = 2{,}5 \pm 1{,}5$

$x_1 = 2{,}5 + 1{,}5 = \underline{\underline{4}}$

$x_2 = 2{,}5 - 1{,}5 = \underline{\underline{1}}$

Rechne mit der p-q-Formel in deinem Heft.

a) $0 = x^2 + 2x + 0{,}75$ **b)** $0 = x^2 - 1x - 2$

1.

a) $y = x^2 + 1{,}5$	**b)** $y = (x - 3{,}5)^2$	**c)** $y = (x - 2)^2 + 1$
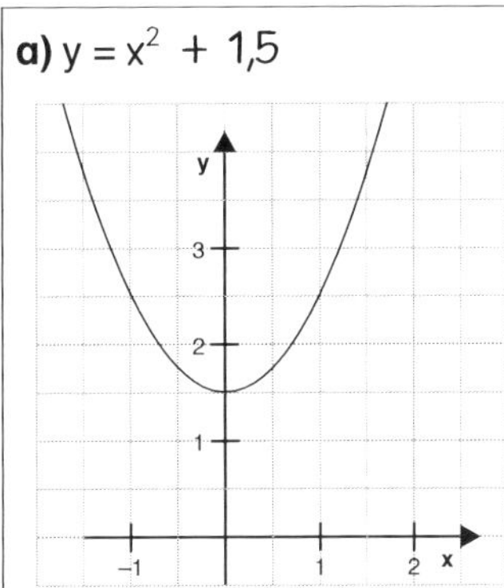	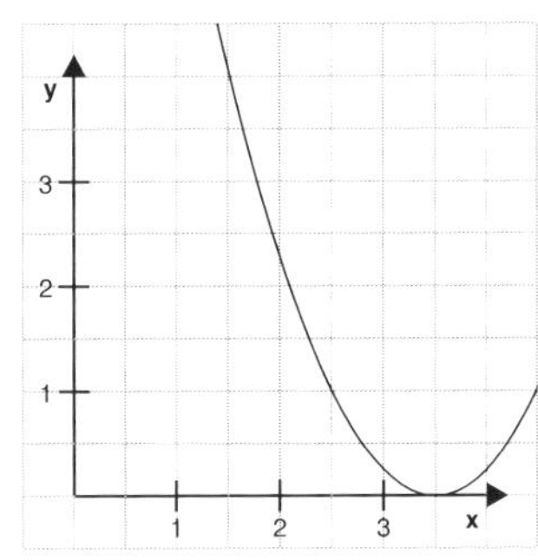	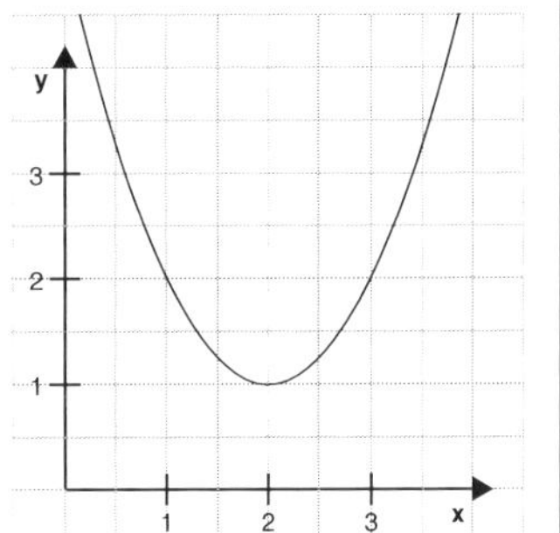

2.

	a) $y = -2x^2$	**b)** $y = 0{,}5x^2$	**c)** $y = -\frac{1}{2}x^2$	**d)** $y = 15x^2$
nach oben (↑) geöffnet		X		X
nach unten (↓) geöffnet	X		X	
gestreckt	X			X
gestaucht		X	X	

3. a)

x	−1	0	1	2	3
y	2	−1	−2	−1	2

c)

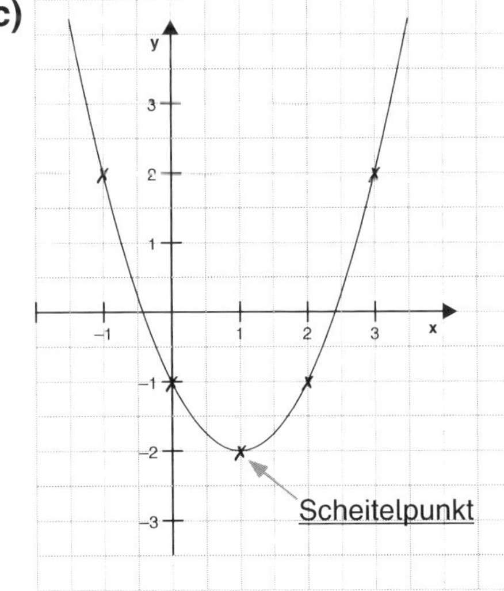

4. a)

$$x_{1,2} = -\frac{p}{2} \pm \sqrt{\left(\frac{p}{2}\right)^2 - q}$$

$$x_{1,2} = -\frac{2}{2} \pm \sqrt{\left(\frac{2}{2}\right)^2 - 0{,}75}$$

$$x_{1,2} = -1 \pm \sqrt{1 - 0{,}75}$$

$$x_{1,2} = -1 \pm \sqrt{0{,}25}$$

$$x_{1,2} = -1 \pm 0{,}5$$

$$x_1 = -1 + 0{,}5 = \underline{\underline{-0{,}5}}$$

$$x_2 = -1 - 0{,}5 = \underline{\underline{-1{,}5}}$$

b)

$$x_{1,2} = -\frac{p}{2} \pm \sqrt{\left(\frac{p}{2}\right)^2 - q}$$

$$x_{1,2} = -\frac{(-1)}{2} \pm \sqrt{\left(\frac{(-1)}{2}\right)^2 - (-2)}$$

$$x_{1,2} = 0{,}5 \pm \sqrt{0{,}25 + 2}$$

$$x_{1,2} = 0{,}5 \pm \sqrt{2{,}25}$$

$$x_{1,2} = 0{,}5 \pm 1{,}5$$

$$x_1 = 0{,}5 + 1{,}5 = \underline{\underline{2}}$$

$$x_2 = 0{,}5 - 1{,}5 = \underline{\underline{-1}}$$